法律與中國社會之變遷

增訂本

LAW AND SOCIAL CHANGE: THE CHINESE EXPERIENCE PAST AND PRESENT

Enlarged Edition

國立臺灣大學法律學院　名譽教授

馬漢寶　著

BY

HERBERT HAN-PAO MA

EMERITUS PROFESSOR OF LAW

NATIONAL TAIWAN UNIVERSITY

airiti press

U0546441

以本書紀念

在臺大法律學系

執教四十四年

(1955-1999)

增訂本　序

《法律與中國社會之變遷》一書原係著者為紀念在臺大法律學系執教四十四年（1955~1999）而作，並已列為「國立臺灣大學法學叢書」第 99 冊。2008 年，北京清華大學「漢語法學文叢」為大陸讀者及學子之方便，經著者同意，曾以簡體字編印原書部分內容，並以「法律思想與社會變遷」為名在大陸出版。2010 年間，臺灣華藝數位股份有限公司（Airiti Press Inc.）則商請由其將原書數位化，同時並印紙本，以廣流傳。著者基於華藝之誠意，乃允所請。是即原書此一版本問世之原由。

按《法律與中國社會之變遷》一書，實際上乃係於 1999 年集印著者已發表之論文十三篇而成。原書「前言」曾對各篇論文略加介紹，並以其中一篇作全書之結論。該「前言」現移印此一版本。故於此，對各篇論文不再作說明。惟此一版本另外增加論文兩篇，即「中國法制史之名稱與研究範圍」（見此一版本第五篇）及「哲學對法律實務的影響」（見此一版本第十三篇）。前者在析述制度與思想關係之密切，因此「中國法制史」之名稱或可改稱為「中國法律史」以兼顧法律思想與法律制度，使研究範圍亦較為週全。後者則強調立法與司法工作之鵠的，歸根究柢在實現公平與正義，而其途徑可說無不與哲理有關。

原書此一版本經增訂後，共得論文十五篇，故即以「增訂本」加以表明。

民國一〇一年五月

原書前言

本書共收著者已發表的論文十二篇。各篇論文原來散見於各處，致不易得知；乃有集印成書之議。

著者數十年來，對法律與社會變遷之關係富有興趣而未斷觀察與研究。本書所集十二篇論文雖各有主題，而均未離上述興趣及觀察與研究之範圍，且無不與中國社會有關。故即以「法律與中國社會之變遷」為名。

至於所探討的問題，為方便計可以分為二部分。第一部分有關法律思想與社會制度，包括第一篇法律、道德與中國社會的變遷，第二篇儒家思想法律化與中國家庭關係之發展，第三篇個人在中國傳統與現代法律上之地位，及第四篇法律教育之前瞻與基礎法學。第二部分有關法律制度與社會變遷，包括第五篇美國憲法與中華民國憲法之制定及發展，第六篇龐德論中華民國憲法之發展，第七篇龐德論中華民國法律之發展，第八篇臺灣之土地改革——實行法治之一項範例，第九篇法律與科技發展，第十篇法律與國家考試，第十一篇近三十年法律與社會變遷之關係，第十二篇論共產中國社會主義法律制度之建立。

在第一篇、第二篇及第三篇中，著者指出中國傳統文化與中國法律現代化過程相互間已造成的影響，以及今後可能發生的關係。其中，對於如何協調仍然存在的傳統觀念與現代西方化法律制度及其理論基礎，著者建議一方面重新詮釋儒家孔孟的思想，一方面借重西洋法律思想主流的理論，期能得一可行的途徑。第四篇在針對臺灣社會的實際情況，檢討法律教育與基礎法學之關係，亦多利用西洋法律思想主流的理論。

其次，在有關法律制度與社會變遷之各篇論文中，一部分係針對某一種特定的制度或現象，探討其與法律相互的影響，如土地改革（第八篇）、科技發展（第九篇）、國家考試（第十篇）等。此外，並單用一篇綜述近三十年來法律與社會變遷之關係（第十一篇）。一部分則係評論法律制度之建立、發展與社會情況之關係，如中華民國憲法與法律之建制（第五篇、第六篇、第七篇）及在中國大陸共產政權下，能否建立法律制度及如何建立法律制度等（第十二篇）。其中，有關中華民國憲法與法律之三篇論文，在借重西方學者客觀的意見或已有的成規，以求有助深入了解我國的制度。

各篇論文係寫成於不同時間；有幾篇之內容不受時間之限制，有幾篇則係以論文完成當初的實際情況為對象，故以略加補充為宜。且本書既以「法律與中國社會之變遷」為名，其範圍本可擴及中國社會之過去與未來。因此，另以一篇，從歷史的觀點，依時代的先後，檢討思想、法律與中國社會變遷的關係；同時並藉以對幾篇論文之內容，更事補充（第十三篇)。在最後一篇（第十三篇）中，基於行文之需要，不免有重述以前各篇內容之處。因此，即以此篇代替本書之結論。

一九九九年九月九日

目　錄

I

法律思想與社會制度

第一篇

法律、道德與中國社會的變遷*

目次

壹、緒言

中國現行的法律，什九是以西方的制度為藍本。現代西方的法律，大體上是工業革命與都市革命的直接產物。在臺灣的中國社會，既然日益趨向工業化與都市化，其現行西方化的法律，亦應該日益有用。

不過，中國固有的法律觀念，深受儒家道德思想的影響，

* 本文原載《國立臺灣大學法學論叢》第一卷第一期（民國六十年十月），國立臺灣大學法律學系刊行。

固有的法律制度，亦極富於倫理的色彩。其結果，法律實際上素被作為貫徹儒家道德的力量。現今臺灣的中國社會，雖然一直在實施西方化的法律制度，但是法律與道德的傳統，依舊影響社會生活的各面。換言之，不少法律與道德的傳統，並未成為歷史陳跡，而仍具有活力。因此，研究臺灣中國社會裡法律與道德的關係，就必須對法律與道德的傳統，深加注意。尤其近年來，政府與民間積極推行中華文化復興運動，呼籲國人重振固有的道德，更足以證明此一判斷之不虛。

本文之目的，在於探討法律、道德與中國社會的變遷相互間的關係。不過，本文所謂「中國社會」，係指自先秦時代以迄民國三十八年為止，在中國大陸上的中國社會以及自民國三十八年以迄目前，在臺灣的中國社會而言。

至於本文的步驟，擬首先說明在過去，法律如何受儒家道德的支配。其次，擬指出這種法律與道德間的關係，對於法律西方化的影響如何。最後則擬以現代的法學理論為根據，試就固有的道德與西化的法律之協調，找出一個途徑。

誠然，本文的題目甚大，每一步驟所牽涉的問題也甚多。絕不是一篇短文所能說得透澈，所以也根本無此奢念。所望做到者，在就國人已經習知的某些問題，簡單予以複述並擇要加以強調；然後提出作者個人一點粗淺的見解，作為進一步探討與切磋的基礎。

貳、傳統法律的道德化

中國有其獨特的文化，迄二十世紀初西方的思想與制度輸入時為止，數千年間可說一脈相承，未受干擾。中國亦有其獨特的法律觀念，隨固有的文化而延續不斷，以迄本世紀初西方的法律思想與制度因變法運動而輸入時為止。

為明瞭固有的法律觀念，必須從「法」與「禮」二個固有的概念以及其相互的關係著手[1]。一般言之，「法」指有關犯罪與刑罰之事。最早的法律文書之一，李悝的《法經》如此，自秦以迄清，歷朝的法典亦復如此。換言之，傳統的法律指刑法而言，並無現代所謂民法的概念。此外，法原稱刑，起初並不公開，且專用以統治平民，而不及於貴族。

「禮」初指宗教儀節，嗣後則指貴族個人與社會的行為規則。迨封建制度瓦解，禮的範圍先及於平民生活，繼則擴及社會生活的全部。

禮與法二個概念，經儒家與法家二派學者分別採納並加闡揚後，意義與內容均煥然一新。孔子所領導的儒家學者，

1 關於「法」與「禮」的概念以及二者的關係，可參考：瞿同祖，《中國法律與中國社會》（上海，商務印書館，民國三十六年版）第六章；楊鴻烈，《中國法律思想史》（臺灣，商務印書館，民國五十三年版）上冊第三章，下冊第四章；高明，〈明禮〉，見《中國政治思想與制度史論集（一）》（臺灣，中華文化出版事業委員會，民國四十四年版）。

認為理想的社會係植基於人倫、倫常或人與人的關係——其主要的五種，即君臣、父子、夫婦、兄弟及朋友。為維持人倫，乃建立種種行為規則，而即以「禮」名之。每一種倫常或人與人的關係，都有其理想。上述行為規則，即重在根據理想而要求關係兩方面的人各盡其義務。例如在君臣一倫，其理想即君仁臣忠；在父子，則父慈子孝；在夫婦，則夫義婦聽；在兄弟，則兄良弟悌；在朋友，則彼此有信是。換言之，依儒家之見，人應各依其在家族與社會中的身分地位，盡其在我。人人守禮，即是人人遵守適合其身分地位的行為規則。如此，人倫對待之理得以彰明，天下自然太平。

儒家亦深信，人性無論善惡，皆得藉道德教育，變化之改善之。故以正心誠意，為修齊治平的基礎。以禮為名之行為規則，原在使人各守本分；遵禮，自可有助於規正人心而終臻治平之境。於此所應強調者，即以禮為名之行為規則，不可武斷加以制定。依儒家之見，禮非但須符合道理，亦須體會人情。所以說「禮也者，理也」(《禮記・仲尼燕居》)，「禮者，理之不可易者也」(《禮記・樂記》)。故成文之禮，非合乎不變的道理，即不足當禮之名。又說：「禮者，因人之情而為之節文，以為民坊也」(《禮記・坊記》)；換言之，人固有之者，聖人因而導之以成禮是。因此，制婚禮，所以維夫婦之一倫，而婚禮之本，則為男女之情。制喪祭之禮，所以明父子之一倫，而喪祭禮之本，則為追慕之情。所以履行儀式與節目，原在彰明自然的人情並加以規律而已。

由此可知，禮一方面指具體的行為規則，另一方面亦指形成此等行為規則基礎的原理原則。禮只須合乎原理原則，其形式或儀節，自可因時因地而不同。

「法」的概念，經法家學者之闡釋，頗多新解。舉其大者，如法須公開，且須一體適用於人；法具有絕對強制性，為貫徹其功用，且須嚴其刑罰。此為法家性惡說的結果；故法家主張治國以姦民為對象，而最有效的辦法，莫過於賞善罰惡——依法的客觀標準而不計人的身分、地位與關係。此與儒家尊禮儀、崇教化，從變化心性以達治平之說，自屬不合。儒家雖非否定刑罰的功用，但認為根除姦惡，長治久安，則唯賴禮教。禮法二個概念，由於儒法二家的經營，在理論與實際上，一時均成為抗衡的局面。

迨漢武帝當政，儒家始初被尊為正統。法家與其他各家，同受排斥。不過，法具有維持秩序、排難解紛的功用，已為當時所公認。事實上，其後每一朝代均有法典，內容亦日益詳備。此一新形勢，使法與禮的關係，由法禮相爭轉變為以禮制法。此一轉變，對於中國固有的「法」的觀念與法律制度，影響至鉅。舉其大者言之，漢以後，歷朝法典幾乎都出於儒家學者之手。儒家的禮教或道德思想，彌漫一切立法。

同時，解釋法典與實際審理案件，亦無不以儒家的禮經為最後的依據。前已言之，中國固有的法典與司法程序，悉屬刑事性質。其結果，儒家的道德規箴與法律或刑罰結合，而成為一種官式的制度。學者所謂「法律儒家化」或「儒家思想法律化」，即指此而言[2]。

禮教影響過去立法，最典型的例子可說是《唐律》。《唐律》的基本原則之一，即是個人在家族與社會中的身分地位，為犯罪與否以及量刑輕重之決定因素。因此，在家族關係，尊長如加害卑幼身體，或者不罰或者減刑。反之，卑幼如加害尊長身體，必受刑罰且常加重其刑。這與維繫前述人倫制度有關。妻卑於夫，雙方關係雖常比諸兄妹，而事實上則類似父子。至於家族以外的犯罪行為、刑責之有無及量刑之輕重，則常比照家族相犯的標準[3]。

《唐律》的另一基本原則，則為孝道之維護。任何直接

2「法律儒家化」（Confucianization of law）一詞，見 T'ung-tsu Ch'ü, Law and Society in Traditional China, (Mouton and Co., The Hague), 1965, p.267.「儒家思想法律化」(legalization of Confucianism)，見 John C.H. Wu. The Status of the Individual in the Political and Legal Traditions of Old and New China, in Charles A. Moore ed., The Status of the Individual in East and West, (University of Hawaii Press, 1968), p.394.

3 參閱戴炎輝，《唐律通論》（臺灣，正中書局，民國五十三年版）第三章。

間接危害孝道的行為，均受刑罰制裁。例如居父母喪，嫁娶或生子，皆受徒刑。因為居喪應盡哀，自不得有喜樂之事。父母或祖父母在，子孫別籍者，亦受身體刑。此外，故意損傷或殘廢身體，亦受徒刑。立法原旨，在於身體髮膚，受之父母，不可毀傷，否則即屬有虧孝道[4]。

至於司法官吏根據禮教或儒家經典處理案件，則以漢朝董仲舒據《春秋公羊傳》決事之例，最著。

上述以禮教為重心之「法」的觀念與法律制度，延續至十九世紀中葉清末時為止，一直未有重大變化。其結果，中國人自然而然產生重禮輕法的態度。換言之，排難解紛、伸張正義，法律所擔負的任務是次要的。

參、現代法律的西方化

自清末西方列強介入中國以後，繼之即有以西方法制為模範的變法運動。中國修訂法律之主要目的，可說在於收回因不平等條約而喪失的法權。事實上，西方列強明白表示，如果中國變更其法制，達到西方的標準，即願放棄領事裁判

---

4 有關條文，分見：《唐律・戶婚》第七條「居父母喪生子」，第三十條「居父母夫喪嫁娶」；《唐律・鬪訟》第六條「子孫不得別籍」，第五十七條「邀車駕撾鼓訴事」第二項。

權及其他形式的治外法權[5]。

不過，自十七世紀以迄十九世紀末期止，西方的法律係以尊重個人權利及法律之前人人平等為道德基礎。而自十九世紀中期起以迄同世紀的末期止，西方的一般法學理論與實務，均以法律專指實證法或嚴格意義的法律，完全與倫理道德分離[6]。中國修訂法律，既須符合此種標準，當然引起維護禮教法制人士的強烈反對。我們只須舉出當時爭論最兇的一、二事例，即足以說明這一點。依西方的標準，無丈夫的成年女子，如自願與人性交，是其個人道德問題；故法無治罪之文。在中國固有法制，女子婚姻以外的性交行為，既為道德所不許，即為法律之所禁。故無夫姦罪，刑律向有專條。又西方法制既然重視個人權利，生命權為一切權利之本，故為維護生命，對任何人的侵害均可作正當防衛。中國的固有法典，對此雖有類似的制度[7]，但是犯者如為尊親屬，則基於禮教崇孝的道理，卑幼即無正當防衛可言。所以，在修訂法律者主張採用正當防衛及免除無夫姦罪名時，曾經遭受嚴厲的

---

5 參閱汪楫寶，《民國司法志》（臺灣，正中書局，民國四十三年版），謝冠生〈弁言〉第七頁至一八頁。

6 參閱 Edgar Bodenheimer, Jurisprudence - The Philosophy and Method of Law, (Harvard University Press, 1962), pp.57-58, pp.90-94.

7 例如《唐律・鬭訟》第九條「兩相毆傷論如律」第二項「後下手理直者減二等（至死者不減）」。

攻擊[8]。

修訂法律的努力，終滿清之世，未能貫徹。不過，民國肇始以後，進展甚速。主要的法典，均在國民政府十六年定都南京後，次第完成。政府當時曾明令以　國父孫中山先生的三民主義，為立法的最高原則。雖然，法律的制定與修訂，在基本上仍是以西方法制的一般趨勢為準則。例如民國十八年、十九年公布的中國民法各編，係以德國、瑞士等國的民法為根據；而民國二十四年公布的中國刑法，則係以一九三二年的波蘭刑法、一九三一年的日本修正刑法、一九三〇年的義大利刑法、一九二七年的德國刑法草案等為範本[9]。由於主要的法典深受西方制度的影響，中國的現代立法終於將禮教的成分加以排除。新立法最大的特色，當然是民刑法的分立。論內容，變更最大的可說是民法的親屬與繼承事項。主要的原因在於宗法制度的廢除及男女平等原則的確立。宗法廢除，故親屬分類悉以血統及婚姻為準，而繼承權亦得擴及配偶、父母、兄弟、姊妹及祖父母。男女平等確立，故親權得由夫妻共同行使，夫妻財產制度趨於綦詳，而妾制亦不復存在。同時，妻子與女性卑親屬亦均得享有繼承權。

8 參閱楊鴻烈，前引書下冊，第三二三頁至三三〇頁。

9 參閱謝振民，《中華民國立法史》（上海，正中書局，民國三十七年版）第九一〇頁至九七六頁、第一一二八頁至一一三一頁。

中國制定新法，因為利用歐洲先進國家的制度為藍本，採長去短，所以制成的法典頗獲西方學者的贊許[10]。不過，具備現代西方化的法典，並不一定表示西方所謂的「法治」已經實現。民國三十八年以前大陸上的中國社會及目前在臺灣的中國社會，在一點上頗為相同，即一般人均以法律以外的行為規範——亦即昔日所謂禮——為社會生活的實際準繩。換言之，在一般人心目中，使個人與個人之間的關係保持和諧，比遵守客觀的法律規則更為重要。這種重視法外標準的觀念與態度，對於現代西方化的法律之地位與效用，均有極大的影響。現在試從二方面，舉例加以說明。

1. 人民對於法律准許行使或主張的私權，常不加行使或主張。傳統的中國社會，原係以人與人的關係為基礎。故要求個人與個人的對待行為，須各依適合其身分地位的方式為之。換言之，傳統的中國社會係以義務為重，靠禮與法二種規範加以維繫。個人盡其義務，非但是合乎道德，同時亦是遵守法律。因此，在中國歷史上，乃無從發生西方所謂「權利」的觀念。個人的權利與自由，本是西方法律的基礎。中國人則遲至十九世紀中葉，西方思想輸入中國時，始得而聞之。由於禮教與義務的價值觀，繼續不斷影響社會生活，中

10 見 Roscoe Pound, Some Problems of the Administration of Justice in China, (National Cheng-chi University, Nanking, 1948), p.5.

國人的權利觀念一直不易建立。但是我們必須記住，中國現行的法律，什九是模仿西方的制度，所以同樣是以西方的權利觀念為其基礎。

誠然，西方世界在本世紀之初，由於社會、經濟及政治上的變化，即已產生一種新的團體意識以及對於社會的一種新的責任感。同時，此種新的意識與感覺，確實已經日益反映於西方的法律制度。不過，此種強調社會義務的觀念，乃是個人主義充分發展以後的產物；目的在於緩和過甚的個人主義，以應付社會生活的新需要。中國未曾經歷此一過程；因此，中國人一向重視義務的觀念，並不能輕易即說，與西方新起的社會意識乃是不謀而合。換言之，西方的社會義務觀念，是與個人的權利與自由牢不可分。中國人對於個人的權利與自由，如不能深加了解及珍視，對於上述新起於西方的社會義務觀念，即不易體認，自亦不易加以遵行。

更有進者，「權利」這一名詞本身，亦極有問題。這一名詞是日本人先從西文翻譯而來[11]，然後傳入中國。不過，西方原字，無論是英文的 right、德文的 Recht 或法文的 droit，均含有「公平」、「正當」之義。至於「權」、「利」二字，非

11 日本學者最初根據荷蘭字 Regt 譯成「權理」，以後改為「權利」，參閱 Kawashima Takeyoshi, The Status of the Individual in the Notion of Law, Right, and Social Order in Japan, in Charles A. Moore ed.，註2引書，p.444, n.6.

但不能表達此義，而且又是儒家學者竭力教人鄙視之物[12]。因此，一般中國人都諱言權利。人如過於注意私權，主張私權，他的人緣必差。人如因私權受侵害而訴諸法律，則常更難得到社會的同情與支援。其結果，多是在法律以外，自甘吃虧了事。此類事例，不勝枚舉。姑擇一件，簡述如下：多年前，在臺灣發生盜印教科書及流行小說之事。被害人——無論是著作權人或是著作人兼著作權人——對此，大多未採任何行動。間或有訴請法院救濟者，亦旋即知難而退，以致盜印之風猖獗非常。直到一位前輩學者，本人的著作亦遭盜印，憤而提起訴訟；並在報紙刊出一篇「私權宣言」，呼籲國人重視個人的合法權利，主張個人的合法權利；於是社會始普遍注意此事，其他被害人始相繼請求法律保護[13]。

2. 私權不依法行使，不依法主張，為公益而求助於法律，一般人更是裹足不前。此種事例，比比皆是，而且人人皆知，實已無庸辭費。但是行文至此，又不能不略舉一二，以為佐證。在公共場所「不准吸煙」的告示下吸煙，常無人上前勸阻。勸阻常引起爭吵；屆時，非但難得他人的支持，反而落

12 例如孔子說：「君子喻於義，小人喻於利」（《論語．里仁》）；孟子對梁惠王說：「王何必曰利，亦有仁義而已矣。…… 上下交征利而國危矣」（《孟子．梁惠王章句上》）。

13 見薩孟武，《孟武雜談》（臺灣，自由太平洋出版社，民國五十四年版）。

個多管閒事。鄰居傾垃圾，堵塞公共水溝，蓋房子散佈建築材料，阻礙交通，鮮有人出面交涉或向有關機關控訴。按傳統道德，本以睦「鄰」為重，忍讓最先。但是拘泥不化，自難免犧牲公益。社會生活小節如此，推而廣之，其他有關眾人之事，又何獨不然？

肆、傳統道德與現代法律的距離

上述法律以外的社會行為規範——亦即過去所謂禮——如果借用現代社會法學的術語，就等於是現在臺灣中國社會之「活的法律」（living law）或簡稱「活法」。活法，就是一個社會裡一般人實際上遵守的規範。按照社會法學的理論，國家制定的法律——亦即實證法（positive law）——必須與同一社會的活法一致或以活法為根據，始能有效施行[14]。這一點，很可以藉過去禮與法的關係加以說明。在過去，禮統攝整個社會生活，而構成社會上實際的行為規範。由於以禮制法極為成功，自西漢以迄遜清，歷朝法典均以禮教為依歸。立法行法，要在維持並促進禮教。違禮就是犯法，而須受刑罰。法的規則與禮的教條二者關係，二千年間可說是天衣無

14 參閱 Eugen Ehrlich, Fundamental Principles of the Sociology of Law, Moll's Translation, (Harvard University Press, 1936), pp.37 et seq.

縫。傳統的法律制度，所以能行之二千年而未曾遭遇大礙者，其主要原因在此。

上述法律以外的社會行為規範——亦即昔日所謂禮——既然實際上仍舊很能支配現在臺灣中國社會一般人的生活，則按照社會法學的理論，此同一社會的實證法律制度，即不易有效施行；因為現行的實證法律制度，百分之九十都是模仿西方的成規，而這些制度及成規的共同道德基礎，與中國社會上實際行為規範所代表的道德觀念，迥然不同。換言之，現在臺灣中國社會的實證法，與同一社會的活法並不相配合。

於此，我們似不能不指出，也不能不承認，以上所謂現時中國社會的活法——亦即法律以外的行為規範——大部份屬於源自一個農業社會的信仰、道德及習慣。此一農業社會是以家族為基礎，而此一家族制度則係藉人倫或人與人的關係加以維繫。可是，現在臺灣的中國社會，二十餘年來，已日益工業化與都市化，則無人可加否認。這表示上述傳統行為規範所以能生根、滋長及適用的環境，正日漸歸於消失。工業化與都市化，原為多數西方社會已經的過程；同時也是這些社會現在仍積極不斷發展的方向。在臺灣的中國社會，面對此一現代文明的普遍趨勢，一般言之，並未故意要加以拒絕或阻擋。其實，也不能加以拒絕或阻擋。因此，西方社會裡所已發生的經濟、社會現象及問題，必然要在這一中國社會裡陸續發生，只是多少與程度的差別而已。我們可以舉出近年來，臺灣在社會與經濟方面的一二重要變遷，以證實上面的判斷。

其一，由於土地改革順利完成，農民生活發生實質的變化。於是，農村人口——尤其是年青一代——逐漸移向都市。其結果，傳統的家的地位與權威，大為減弱。家庭關係亦隨之調整，隨之改變，以求適應。其二，由於經濟發展極有成效，外國人投資與國際貿易日見增加。於是，工商業組織的型態以及其經營與交易的方式，均不得不加變更。其結果，依靠主觀標準，重視個人關係的處事傳統，逐漸為不顧個人因素、客觀而公開的程序所取代。假定上述社會與經濟方面的變遷，繼續不斷，我們推論的結果是：現行中國法典所採用之西方化的制度，一般言之，將有更多的實施機會，同時也必能更有效的加以實施；因為西方的法律制度，本是工業革命與都市革命較直接的產物，從而自必然較易適用於工業化與都市化的社會。

我們先已說過，根據社會法學的理論，一個社會的實證法必須配合同一社會的活法，始能有效實施。我們並先已指出，在臺灣的中國社會，其實證法並不配合其活法。如果貫徹社會法學的理論，就應該參酌該社會的活法，以修正同一社會的實證法。可是，前一段推論所得的結果，如屬正確，則中國現行法律制度——亦即實證法——與傳統生活規範——亦即活法——其間的距離，如要縮短，勢須一反社會法學所主張的常軌，而轉採修正活法以配合實證法的程序。一個社會的活法，如果具有二千年的歷史，要加以改變，誠然至不易為。但是，一個社會有計劃制定的實證法，假以時日，足以影響人民的生活，變化其思想與行動的習慣，亦不是絕不可能。日本維新的成就，多歸功於採用西方的法制，即為人所共知。其實，即以臺灣而言，土地改革之完成以及其引起的社會變遷，亦是非常得力於有系統而詳審的特別立法，而不失為一出色的例證[15]。不過，改變活法以配合實證法，還可以作深一層的探討。在目前的中國社會裡，尤其有此必要。以下，我們即擬參用中國本身的經驗，試為此一問題，提供若干理論上的基礎。

伍、傳統道德與現代法律的協調

前文已說過，禮一方面指具體的行為規則，一方面亦指此等具體規則所根據的倫理道德原則。只要符合禮之基本原則，禮之具體規則，可以因時因地而不同，而且也應該如此。

15　參閱馬漢寶，〈臺灣之土地改革——實行法治之一項範例〉，收於本書第九篇。

這就是何以「三王異世不相襲禮」(《禮記・樂記》),「居山以魚鱉為禮,居澤以鹿豕為禮,君子謂之不知禮」(《禮記・禮器》)的道理。前文也已說過,禮之具體規則,非但等於是傳統中國社會的活法,而且也頗足當現在臺灣中國社會的活法。禮之具體規則既非一成不變,現在臺灣的中國社會,自可形成適合其現狀之禮的新規則。其實,此一理論,與現代社會法學的基本理論,亦有相通之處。社會法學原認為,活法即是全部社會事實的「內在秩序」(inner order),因此與一個社會的全部事實相推移。一個社會的生活事實變遷,該社會的活法即演化而產生新的規範[16]。

雖然,中國社會究應如何產生禮的新規則或活法的新規範,仍待說明。我們認為,新的活法或禮的新規則,一方面應該配合現行中國法律的精神,俾人民的生活能夠適應現代社會的要求;另一方面,更應該不斷接受禮之基本原則的考驗。以下,試先討論如何根據現行法制的精神,以促成新的活法之產生。這也可以說就是法律的教育功能。

首先,我們須要找出傳統的禮教與現代的法律所以扞格不入的關係因素,然後設法予以協調。此種因素之一,可說就是傳統禮教非常重視人與人的關係,而相對的輕視了個

16 參閱 F.S.C. Northrop, Philosophical lssues in Contemporary Law, in Natural Law Forum, (1957, Notre Dame Law School), p.55.

人。因此，個人的意義與價值，全見於人與人的各式關係中。中國學者雖然多主張，個人在傳統的中國社會裡，不是沒有地位；但是他們無不承認，傳統中國社會的單位是家而非個人[17]。個人不是孤立的個體；個人或是父之子，或是子之父，或是兄之弟，或是妻之夫等等。個人的地位，盡在此類關係之中。換言之，在傳統的中國社會裡，並無西方所謂獨立的「個人」的觀念，亦無西方所謂個人的「權利」與「自由」的觀念。這一點，影響中國法律制度的全部，不分民刑；因為現代的中國法律，在根本上是個人主義的。中國民法總則本體的起首一章，即係以「人」為標題，而該章的起首一條，又毫不含糊的規定：「人之權利能力，始於出生終於死亡」（第六條）。獨立的「人」的觀念建立以後，始繼之以植基於個人及兩性平等的家制或親屬制度，然後再繼之以根據兩性平等及新型家制的現代繼承法制。所謂契約，根本上不外是兩個獨立的個人之間的財產關係。至於在刑法方面，則刑事責任，原則上亦只限於行為人個人。因此，除非「個人」此

17 例如 Wing-tsit Chang, Chinese Theory and Practice with Special Reference to Humanism, in Charles A. Moore ed., Philosophy and Culture: East and West, (University of Hawaii Press, 1962); Y.P. Mei, The Status of the Individual in Chinese Social Thought and Practice; John C.H. Wu, The Status of the Individual in the Political and Legal Taditions of Old and New China; Hisieh Yu-wei, The Status of the Individual in Chinese Ethics, in Charles A. Moore ed.，註 2 引書。

一觀念為一般人了解並普遍受到重視，凡此民刑法上的制度，恐均難以貫徹其制定的原意。

誠然，我們以前說過，自本世紀開始時起，西方世界已廣泛重視社會義務，藉以限制個人權利。但這是因為多數現代西方社會，經過一段極端個人主義的時期，而需要一種新的社會責任感，作為平衡的力量。中國並未體會過西方所體會過的「個人」意味；因此，在此時提倡尊重個人——尤其是以法律制度為範圍——未必就是違背潮流，而實在也是一種平衡的作用。換言之，我們要強調的是對每個個人的尊重，包括個人對個人的尊重。亦即尊重自己的權利與自由，同時也要尊重別人的權利與自由。

另一關鍵因素與前者密切相關，是即傳統的禮教極度重視個人道德以及附隨個人道德而生的義務與責任。所謂個人道德，兼指私人的道德以及一定個人與一定個人之間的道德。一個社會，既然要求個人自動遵守適合種種與他人對待關係的行為規則，必然就注重修身與自律。其結果，最得彰明的道德與義務，均與個人之間的關係不可分。所以父對子應慈，子對父應孝，夫對妻應義，妻對夫應聽等等。因為如此，相形之下，就難免輕視了公德與公益。此處所謂公德與公益，自然亦可解為對於其他非特定的個人或一般個人的道德與義務。

現代的中國法律，既隨西方的成規，在基本上以保障個人的權利與自由為目的，再進而依據公益以限制個人的權利與自由；則為了養成中國人守法的習慣，似不能不做到二點。其一，加深對於個人權利自由的認識。其二，基於此種認識，進而提高對於公益公德的責任感。至於其途徑，要在尊重法律的標準與程序，以達成個人權利自由與社會利益之間的均衡。

為中國社會產生新的活法，現代西方化的法律所能盡的教育功能，已略如上述。不過，我們須要強調，活法的新規範或禮的新規則，其演變產生，並不是以西方法制的道德基礎為最後的標準。新規則與新規範，應該時時接受禮之基本原理原則的考驗。所謂禮之基本原理原則，前已言之，不外是普遍的道理與基於人性人情的原則。於此，我們涉及了西方另一家法學——即自然法思想。

陸、協調工作的最高準據

前文已提到，社會法學的主要貢獻，在於能發現特定社會的活法，從而建立了批判同一社會的實證法公平與否的標準。實證法的規則，如符合根據經驗而確定之活法的客觀規範，即屬公平合理。當活法已在演變，而實證法落在活法演變中所產生的新規範之後，則實證法即屬不合理不公平。可是，問題由此發生。實證法可否一味配合活法，而不計活法的內容？此一問題的重要性，可藉見於西方社會的一二實例，加以表明。在第二次大戰前夕的德國，如果我們以經驗的方法探求該社會的活法，我們大概會發現，其內容與希特勒一夥所執行的大部份「法規」並無二致。如就過去美國南部的各州而論，各該州社會的活法，可以斷言無不支持各該州種族歧視的立法。上述二項實例中，我們可否因為實證法與活法配合一致，就確認實證法為公平合理？如以為不可，我們就必須設法判斷活法本身的是非善惡。在這一點上，社會法學可以說是完全無能為力。因為我們顯然不能將今日活法的本身，作為判斷今日活法好壞的標準。否則，就須承認納粹德國、或美國南部各州的活法，係屬公平合理。換言之，我們必須在實證法與活法二者以外，建立若干準則，藉以衡量實證法與活法的價值。這就是自然法學一向不遺餘力，以求完成之事[18]。

自然法學，素來承認有一共同的人性存在。根據人性不變的特質，可以推演而得社會生活的若干基本原則。此等原則，人可以憑藉其意識能力發現之、認識之。此等原則，因為真有必然的因素，所以顯出相當程度的一致性與普遍性；故而稱為自然法。晚近學者曾解釋此法為「公平合理之最低

18 參閱 F.S.C. Northrop op.cit., p.52.

限度的要求」，從而形成實證法與活法必須符合的標準[19]。自然法在這一意義上，與禮之基本原理原則，非常相似。如同自然法一樣，禮之原則源自人性，禮之原則非但形成具體的禮以及傳統的法二者的共同基礎，同時亦構成批判二者的共同準據。

此一比較，對於協調西化的中國法律與傳統的中國道德，甚有裨益。禮之原則與自然法，既然以同一人性為立論的根據，則在發展中國社會與西方社會二者的活法與實證法這方面，至少有了一個共同的理論基礎。誠然，中西各家學說，對於人性的見解並不一致，可是，晚近不少西方法學理論，承認人對於人性的了解與知識，可以隨文明的進步而進步[20]。因此，自然法之推理與禮之哲學分別已得的結論，其間如有任何歧異，即可根據上述了解與知識的進步，逐漸使其減少，最後甚至完全使其消除。

換言之，為使傳統中國的活法能與西方社會的活法協調，俾使現代西方化的中國實證法律制度，能有機會生根成長，我們可有更高而更客觀的標準為依據。這些標準，乃是超然於不同社會不同的文化背景以上的。根據這些標準，對於傳統中國社會的活法，何者宜加保存，何者應使改變，當可有

19　參閱 Edgar Bodenheimer op.cit., p.192.

20　ibid.

一較為妥善的認識。在另一方面，根據同一標準，對於西方社會的活法，何者宜加保存，何者應使改變，當然亦可有一較為妥善的認識。

在這篇短文裡，我們無意奢談如何為人類社會生活，尋求客觀而普遍的原則；也不能進一步討論如何根據禮之原則，實際從事協調傳統中國社會的活法與現代西方化的實證法律。我們只想強調，在利用西方化的法律以促使中國社會日益現代化的過程中，尚有更高的準則，可資憑藉，而不必亦不宜全靠西方法律所根據的道德標準。事實上，就這一點而論，現行中國法律的內容，不乏值得商榷之處。例如親屬法上明文規定：「家長由親屬團體中推定之」，無推定時，始依次以家中之最尊輩者、年長者為之（第一千一百二十四條）。這可說是對於西方個人主義的思想及民主的潮流，過份迎合的一種表現。家，不若政治組織，根本上是以相愛相敬為結合的基礎。這種經驗，在中國社會裡尤其深刻而久遠。家長的產生，原則上採用推舉的方式，似無助於中國現代家制的發展，而徒使這一條法律雖有若無。

有如夫妻財產制度，亦是一個例子。民法，除規定德國瑞士式的法定財產制以外，並許夫妻於婚前或婚後，以契約就下列各種西方制度，選擇其一為約定財產制：即共同財產制、統一財產制及分別財產制是。民法共用了四十五條條文，詳列上述各種財產制中，夫妻雙方的權利與義務（第一千零四條至第一千零四十八條）；可謂洋洋大觀。不過，這是把人與人之間最親密的關係，過份物質化與合理化的結果。夫婦，原是中國社會倫常關係的開端，何等神聖。即使男女平等以及工商業發達，使夫妻財產需要制度化，一般中國人想不致認為，夫妻權義之劃分，應該一至於此。事實上，這一部份法律迄今仍形同具文者，其故當即在此。

最後不能不一提者，即政府與民間，近年來在臺灣積極推行的中華文化復興運動。對於這一運動的崇高目標，每一個有心的國人，都應該由衷的表示敬佩。不過，我們都知道，固有文化的精華就是固有道德，而固有道德的一大部份，事實上，也就是傳統所謂「禮」的內容。所以恢復固有道德，就等於恢復禮。可是，我們也都知道，中國現行西方化的法律，一般言之，是放棄傳統禮教的結果。這樣推論下去，則必然得到下面的結論：恢復固有道德，將影響現行法律的實施。這當然不是任何一個有心的國人所願見其發生之事。正因為如此，我們更可知，協調固有的道德與西化的法律，其工作何等緊要。

如果前文所提出的建議，可作為根據，則在今日提倡傳統的道德，固不宜墨守舊道德的成規；而鼓吹現代的法律，亦不必對於西方的思想與制度，過於傾心。根本的辦法，似在於以坦誠的態度，比較中西哲理、中西文化，期能覓溯同源；同時，證諸現代中西社會的現象，截長補短，進而建立較客觀的原則，以為上述協調工作的準據。

柒、結語

儒家的道德或禮教，在過去得法或刑的輔弼，支配中國社會近二千年。在中國採用西方的法律制度以後，儒家的道德繼續不斷影響中國人的社會生活。其結果，西方化的法律，在地位與功用上，均受到抑制。

近年來在臺灣的中國社會，一方面因為推行固有文化復興運動，使傳統道德的力量有增無減；另一方面由於日益趨向工業化與都市化，使西方化的法律亦需要更有效的加以施行，以應付新的社會經濟問題。

我們主張，個人與社會，在心理上與行為上，均應有所調整或改變，俾使西方化的「法」的觀念以及法律制度，能在臺灣的中國社會生根滋長；但是我們也認為，當此一變遷中的中國社會，在醞釀其新的道德標準時，同時應該以中國固有的禮之原則或基於天理人性的原則作為最後的根據。約言之，我們的建議，如果利用現代西方法學的理論，就是以自然法為準，從事協調特定社會的活法與實證法。

第二篇

儒家思想法律化與中國家庭關係的發展*

目次

壹、緒言

晚近中西學者研究中國文化，時以中國文化中何者不變，何者常變為題。也就是想探討在中國文化中，甚麼具有安定的性質，甚麼又具有變動的性質[1]。本文的主旨是想肯定

---

* 本文原載《中央研究院國際漢學會議論文集》〈民俗文化組冊〉（民國七十年十月）；後文中結語略增，轉載於國立臺灣大學法學論叢第二十一卷第一期（民國八十年十二月），國立臺灣大學法律學系刊行。

1 例如一九七九年美國亞洲學術協會（Association For Asian Studies）年會上，有一組討論會，就是以「中國文化中的安定性與機動性」

在中國文化中，以孔孟為代表的儒家思想，其有關人倫的道理——尤其是有關家庭關係的部份——是具有持久不變的價值的。不過後來因為與法律結合在一起，而發生了變化。因此，今日須要再加以解釋與闡明，以便重新顯出其不變的價值，作為今後發展中國家庭關係的參考。現在擬分四點加以處理，即一、孔孟人倫思想的原義，二、孔孟人倫思想的法律化，三、孔孟人倫思想與中國現行的法律制度，四、孔孟人倫思想與今後中國家庭關係的發展。

一、孔孟人倫思想的原義

儒家思想以孔子孟子為代表，這應該是可以公認的。孔孟代表的儒家思想，博大而精深。但是孔孟關於人倫的道理，可以說是他們思想精華的所在。人倫可以簡釋為人與人之間的關係；人與人之間的關係千種萬類，但是孔孟認為可以五倫為代表。《中庸》上說：「君臣也，父子也，夫婦也，昆弟也，朋友之交也，五者天下之達道也。」《孟子》上也說：「父子有親，君臣有義，夫婦有別，長幼有序，朋友有信。」（〈滕文公上〉）。在這五種具有代表性的人類關係中，三種

（The Stability and Dynamics in Chinse Civilization: Some Preliminary Views）為主題。見 Program of The Thirty-First Annual Meeting of Association For Asian Studies, Inc., March 30-April 1, 1979 (Los Angeles, California), p.61.

是與家庭有關，即父子、夫婦、兄弟，也就是本文討論的對象。我們覺得孔孟所講的人倫道理，有兩點須加重視與強調，分別說明如下：第一點是，每一種人與人的關係，都須要有關的雙方當事人共同努力予以維護，予以加強。所以說「君君、臣臣、父父、子子」(《論語・顏淵卷六》)。也就是為君者應盡為君者之道，為臣者應盡為臣者之道，為父者應盡為父者之道，為子者應盡為子者之道；推而廣之，「夫夫、婦婦、兄兄、弟弟」也是一樣。換言之，雙方當事人應該各盡自己的責任與義務，不能只講一方面的責任與義務。進一步說，就是每一種人與人的關係，都有一個理想或目標，須由雙方當事人共同努力去實現、去達成。所以說，「父子有親，夫婦有別，長幼（兄弟）有序」，這「親」、「別」、「序」就是三種關係的理想或目標。但是每一種關係的雙方當事人，必須各盡自己的責任與義務，方能實現理想，達成目標。以「父子」一倫為例，要「父子有親」，必須「父慈子孝」，也就是大學上所謂「為人子止於孝，為人父止於慈。」換句話說，「父子」一倫的理想與目標，合起來是「父子有親」，分開來說就是「父慈子孝」。推而廣之，夫婦、兄弟二倫也是一樣。夫婦一倫的理想，合起來是「有別」，分開來說就是夫婦彼此相敬而尊重雙方不同的職分。至於兄弟一倫的理想，合起來是「有序」，分開來就是兄弟彼此敬愛，知所先後；所謂

「兄愛而友」，「弟敬而順」是（《左傳·昭公二十六年》）。孔孟這種責成雙方當事人各盡其責任與義務，以進入理想境地或達成崇高目標的道理，是非常值得我們注意的。

第二點是，每一種人倫或人與人的關係，其雙方當事人如何各盡其道或為所應為，孔孟一致認為主要須靠教育與感化的力量。這是因為孔子講心仁，孟子講性善，根本上都是認為人有愛人之心，為人所同有，所固有。譬如「樊遲問仁，子曰愛人」（〈離婁下〉）；又說「人性之善也，猶水之就下也」，「乃若其情則可以為善矣，乃所謂善也」（〈告子上〉）。因此只須順應自然，教之化之即可助長仁心，發揚善性。有關家庭的三倫，都是以人的仁心善性為根基，都是本乎人情，順乎天理的。譬如父慈子孝，兄愛弟敬，就是人人所同有所固有，而非由外鑠者。所以《論語》上直說「孝弟也者，其為仁之本與」（〈學而〉）；《孟子》也說「人之所不學而能者，其良能也，所不慮而知者，其良知也；孩提之童，無不知愛其親者，及其長也，無不知敬其兄也；親親，仁也；敬長，義也；無他，達之天下也」（〈盡心上〉）。不過，孝弟愛敬之心雖屬自然，而教之化之卻不能沒有途徑與方法；於是儒家又發展了稱為「禮」的制度。「禮」雖然常指儀節或是外部的行為規則，但是「禮」也指「理之不可易者」（《禮記·樂記》）：也就是儀節背後的道理。因此像孔子所說「不能以禮讓為國如禮何」（《論語・里仁》）之禮讓精神，「克己復禮為仁」（《論語・顏淵》）之禮，以及《孟子》所說「仁義禮智根於心」（〈盡心上〉）之禮，都是強調禮的此一意義。至於所謂「理之不可易者」，也就是天理人情，而天理人情原就是人倫的根基。因此，以「理之不可易者」為根據而制定之禮的儀節或外部行為規則，當然可以作為實踐人倫道理的具體方法；也就成為施行教化，使人人各盡其道的途徑。現在再舉例加以說明，如果遵守喪祭之禮，就可以使人不致於背死；不背死自然不致於忘生，不忘生，最直接受益的就是父母。因此，喪祭之禮足以促使為人子者行孝，相對的就足以導致為人父者施慈；從而達成父子有親的目標。又如遵守婚姻之禮，自可加強夫妻雙方相互尊敬的心情，藉重視彼此的職分而實踐夫婦有別；進而有助於夫婦關係的維護。又如鄉飲酒之禮，如能予以遵守，自可促進長對幼的提攜，幼對長的尊重，而有助於維繫社會上長幼之序。在家庭裡，兄弟之間自然也可以因雙方遵守「知所先後」之禮而達到有序的地步。

以上守禮盡道之說，換個角度來看，就是修身齊家的道理。因為家庭的三倫維持得宜，就是家齊；每一個人在三倫的任何一種關係上，都能盡其責任與義務，就是身修。所以修身在齊家之先，等於說「父慈子孝」，然後父子之間才能有「親」；夫婦互相尊敬，夫婦之間才能有「別」；兄弟互相扶持，然後兄弟之間才能有「序」。再申言之，齊家就在使家庭有親、有別、有序；家庭中有親、有別、有序就是家齊；而齊家之道，就在三倫的雙方當事人各自先修其身，也就是各自實踐其責任，履行其義務——所謂父慈、子孝、夫和、妻柔，兄愛、弟敬（《左傳・昭公二十六年》）是。

不過，修身本是培養道德的問題。談到道德的培養，又貴在自動自發，而不在感受外界的威嚇與強制，否則就失去了道德的真義[2]。這一點孔孟曾在不同的地方，用不同的措詞一再加以強調。這是因為孔孟之學，本以道德為主，而所講的德目又甚多。姑以最基本的「仁德」來說，像「為仁由己」（《論語・顏淵》），「自反而仁」（《孟子・離婁下》），「我欲仁，斯仁至矣」（《論語・述而》），即是最好的例子。現在回到人倫的道理方面，父子、兄弟、夫婦各盡其責任與義務，依孔孟之見，當然也就只宜用教育感化的力量，使各人自動自發去做才有意義；所謂「道之以德，齊之以禮，有恥且格」（《論語・為政》）。這也是值得我們特別注意的。不過對於以德禮施行教化的人，孔孟又一致認為應該以身作則，收效始宏；所以說「上老老而民興孝，上長長而民興弟」（《大

2 參閱 Emmanual Kant, The Philosophy of Law, Trasl. W. Hastie, (Edinburgh, 1887),pp.14, 20-23; Otto Gierke, "Recht und Sittlichkeit", 6 Logos, 211 at 228-233, (1917);W.R. Sorley, The Moral Life, (Cambridge, 1991), p.8.

學》），就是這個意思。

二、孔孟人倫思想的法律化

上述孔孟所代表的儒家思想，包括人倫的道理在內，在當時也只是一家之言，與其他各家的思想互爭長短。其中法家的思想，就是與儒家思想大相逕庭。法家認為人性本惡，所謂「民之性，喜其亂而不親其法」、「民之性惡勞而樂佚，佚則荒，荒則不治」（《韓非子・心度篇》）。因此治理社會與國家，不能靠倫理道德，而必須依賴嚴刑峻法。所以商君說：「以良民治必亂至削，以姦民治必治至彊」（《商君書・說民第五》），又說「去姦之本莫深於嚴刑」（《商君書・開塞篇》）；而《韓非子》也說「嚴刑重罰所以治國」（《韓非子・卷四・姦劫弒君》）。法家這種思想，確能使當時追求急功速效的各國君主得到滿足。因此，雖然任用法家成事的秦國，十幾年就滅亡，但是並未使繼起的漢室，全部放棄「法」或「刑」的專家與治術[3]。換言之，法或刑對於治理國家，能奏急功，能收急效，已充分為當時治國的人所確認。故漢初儒

3　漢初被重用的蕭何、曹參等，均為習法出身的。《史記》謂：「蕭相國於秦時為刀筆吏」（蕭相國世家第二十三）；又謂：「平陽侯曹參者……秦時為市獄掾」（曹相國世家第二十四）。至於漢之《九章律》，更是以《秦律》為本，加以擴增而成。參閱陳顧遠著，《中國法制史》，第一〇〇頁（商務印書館，四十八年版）。

家學者，為爭生存求發展，不能不適應此一局面。於是乃接受法的存在，承認法的功能，並且還順應了法家所主張的某些觀念，這可說是儒家思想的一大改變[4]。此外，儒家思想並又吸收了陰陽家「天人感應」的說法，認為自然現象與一切人事都互相影響，從而進一步改變了儒家思想的本色[5]。因此，漢武帝罷黜百家，獨尊儒家為正統的儒家思想，實乃揉合法家與陰陽家思想以後的一種形態[6]。此種思想獨霸的局面，延續兩千餘年，影響我國文化至大，是人所共知的事。至於孔孟人倫思想受到此一局面影響以後的情形，可以分為兩點加以討論。

（一）儒家思想吸收陰陽五行的觀念

儒家學者受陰陽五行之說影響最深的，可算是董仲舒。

4 漢初儒家順應法家的道理，最顯著的一個例子，可說是「尊君卑臣」之論，而致力推行此種論調的，可以叔孫通為代表。朱熹曾謂：「叔孫為綿蕝之儀，其效至於群臣震恐，無敢失禮者，比之三代燕享，君臣氣象便大不同，蓋只是秦人尊君卑臣之法」（《朱子語類》，卷一三五）。

5 漢儒最早取法陰陽五行之說者，當推董仲舒。所著《春秋繁露》就是以陰陽五行來闡明春秋的微言大義，所以其篇目有五行順逆、五行對、五行之義、陰陽位、陰陽終始、五行五事、陰陽義、陰陽出入、五行相生、天地陰陽等。

6 參閱余英時著，〈反智論與中國政治傳統——論儒道法三家政治理想的分野與匯流〉，第五五〇至五五一頁，載《中華文化復興論叢》第八集（中華文化復興運動推行委員會出版，六十五年十月）。

他的《春秋繁露》一書，充分表示宇宙間一切事物都不出陰陽五行的範圍與支配。在人倫方面，最受「陽尊陰卑」觀念的左右。諸如「君為陽、臣為陰；父為陽、子為陰；夫為陽、妻為陰」，「君尊臣卑、父尊子卑、夫尊妻卑」以及「子順父、臣順君、妻順夫」之說均是。如此一來，為子為婦為幼者，絕對順服為父為夫為長者，猶如地之順天[7]。這種強調一方面臣服另一方面的論調，已經大大改變了孔孟思想中人倫對待關係的道理。

（二）儒家思想獲得法或刑的強制執行

漢儒既然知道法與刑的功效不可抹殺，而君主也無意專用儒學，因此儒家就想以儒家思想來支配法或刑。按法家「任法」之說，本來只是堅持用「法」或「刑」作為為政的方法。至於為政的內容，似乎很少表示[8]。而儒家一向對於為政，具

7《春秋繁露》的〈基義〉篇說：「天為君而覆露之，地為臣而持載之，陽為夫而生之，陰為婦而助之，春為父而生之，夏為子而養之，王道之三綱可求於天。」《古今圖書集成・五行類》並記：「子順父，臣順君，妻順夫，何法，法地順天也。」

8 法家有不少關於「法」理的精闢見解，例如韓非子說：「法者編著之圖籍，設之於官府，而布之於百姓者也」（《韓非子・難三篇》），是指出法的公開性；商君說：「刑無等級，自卿相將軍以至大夫庶人，有不從王令犯國禁亂上制者，罪死不赦」（《商君書・賞刑篇》），是指出法的平等性；韓非子說：「釋法術而任心治，堯不能正一國，去規矩而妄意度，奚仲不能成一輪」（《韓非子・用人篇》）

有明確的目的與實質。換言之，以儒家思想為內容，以「法」或「刑」為方法，並不難做到。儒家思想在揉合陰陽家與法家的觀念以後，主張尊君之說，深得君主的歡心，很容易就成為當時法律的實質內容，而法典或刑律只是實行這些內容的工具而已。此種發展，有些學者就稱其為「儒家思想法律化」，也有人稱其為「法律儒家化」的[9]。但是值得強調的是，此種支配法律的儒家思想，乃是吸收陰陽家與法學家觀念以後的一種結果，也就是所謂漢儒之論，已不再是先秦孔孟所代表的儒家思想。

此後二千餘年間，中國法律可說都是處在這種局面之下。至於這種局面對於人倫或家庭關係的影響如何？最主要的就

是指出法的客觀性；慎子說：「法雖不善，猶愈於無法，所以一人心也」(《慎子・威德篇》，是指出法的安定性；商君說：「有敢剟定法令，損益一字以上，罪死不赦」(《商君書・定分篇》)，是指出法的強制性。不過，凡此都偏重於法律的形式要素，而忽略了法律的實質內容。參閱楊鴻烈著，《中國法律思想史》，上冊，第一四三至一四五頁（商務印書館，五十三年臺一版）；陳顧遠著，《中國法制史》，第四二至四四頁（商務印書館，四十八年臺一版）。

9「法律儒家化」等於英文的："Confucianization of Law"，初見於翟同祖著《中國法律與中國社會》英文版 Tung-Tsu Ch'ü，Law and Society in Traditional China, (Mouton & Co., Paris, 1961), p.267.「儒家思想法律化」等於英文的"Legalization of Confucianism"，見吳經熊（John C.H. Wu）著"The Individual in Chinese Political Tradition" in Charles A Moore, ed., The Status of the Individual in East and West, (University of Hawaii Press, Honolulu, 1968), p.394.

是父尊子卑、夫尊妻卑、長尊幼卑，以及子順父，妻順夫、弟順兄等人與人的關係，現在獲得法律或刑罰的強制執行與貫徹。一般說來，就是法律要求於卑幼者，遠超過要求於尊長者。以《唐律》為例來說明這種情形，最為方便。譬如以「父子」一倫而論，「子孝」之責任與義務，為嚴刑峻法所強制；因此，「諸詈祖父母、父母者，絞。」(〈鬪訟〉第二十八條)；「諸祖父母、父母在，而子孫別籍異財者，徒三年」(〈戶婚〉第六條)；「子孫違犯教令，及供養有闕者，徒二年」(〈鬪訟〉第四十七條)。反過來說，祖父母或父母以子孫不孝或違反教令而毆殺子孫者，則罪刑甚輕[10]。至於夫妻相犯，一般言之，則從尊長卑幼之法，即夫犯妻從輕，妻犯夫從重[11]。此外，弟犯兄，其罪也比兄犯弟為重[12]。

儒家思想有關家庭人倫的道理，原是基於天理人情，有

10 例如〈鬪訟〉第二十八條：「若子孫違反教令，而祖父母、父母，毆殺者，徒一年半」，「過失殺者，各勿論」。至於以後之明清律，對違反教令而殺死子孫者，皆可免罪。此外，卑幼對尊親屬有犯，並不適用正當防衛。參閱瞿同祖著，《中國法律與中國社會》，第五至七頁。

11 例如〈鬪訟〉第二十四條：「諸毆傷妻者，減凡人二等。死者，以凡人論」；「過失殺者，各勿論」。又〈鬪訟〉第二十五條：「諸妻毆夫，徒一年。若毆傷重者，加凡鬪傷三等。死者，斬」。

12 例如〈鬪訟〉第二十七條：「諸毆兄姊者，徒二年半。傷者，徒三年。死者，皆斬」。同條：「若毆殺弟妹者，徒三年、過失致死，各忽論」。

其崇高理想與目標，一向為國人所信服，在過去實際上也為一般國人所奉行。因此，即使在漢以後，用「法」或「刑」來強制執行，也不以為不然。不過，儒家這些道理獲得刑法的強制執行，也產生了許多不近人情，不合天理的結果。這一點，從過去有關刑案的記載裡，很容易找到事例[13]。

此外，更值得注意的是，儒家倫理道德的法律化或法律的儒學化，可以說對於孔孟的思想及中國的法律都造成了不少的損害。首先，孔孟的人倫思想是以心仁性善為基礎，強調善自修身齊家，培養道德，所謂人人都能自我歸仁；因此只需要教化就夠了。如果用「刑」或「法」來強人修身齊家，以貫徹孔孟的倫理思想，絕非孔孟的原意，也不是孔孟所能想像的。孔孟即使在鼓吹講求外表行為的禮或儀時，也是把重心放在這些禮或儀背後的「理之不可易者」上面，以加強本乎人性的自然感情。但是，為了要使儒家的倫理道德能切實獲得維護與施行，而利用了嚴刑峻法，其結果非但使中國傳統的法律顯得殘酷不仁，而儒家的人倫道理也因此大大削弱了其內在的仁性或人性。因為如此，清末西方列強及西方思想入侵時，非但西方指責中國的法律是「野蠻的法律」，不能忍受，因此要求享有領事裁判權[14]；而一部分國人也高唱打

13 例如清代的《刑案彙覽》,《續刑案彙覽》。

14 參閱兩江總督劉坤一、兩湖總督張之洞光緒二十七年六月第二次會

倒所謂「吃人的禮教」的調子[15]，這是極其不幸的事。

三、孔孟人倫思想與中國現行的法律制度

中國現行的法律制度，是自清末光緒年間變法開始，一直到民國十六年國民政府成立以後，才逐漸完成的[16]。大部分都是以西方的成規——尤其是歐洲的制度——為根據。這一方面固然可說是因為相信變法改律確屬圖強之道，另一方面也是因為西方列強以修訂法律為交還法權的條件，而不得不如此[17]。一般說來，西方的法律，自十九世紀以還，是重視個

奏變法時，所提九項建議，以及沈家本刪除律例內重法摺。俱見楊鴻烈著，《中國法律思想史》下冊，第三〇〇至三一二頁。沈摺內有謂：「故中國之重法，西人每訾為不仁，其旅居中國皆藉口於此，不受中國之約束」……。

15 見徐復觀著〈中國孝道思想的形成演變及其歷史中的諸問題〉一文中引吳虞語，載徐復觀著，《中國思想史論叢》，（臺灣學生書局）第一五六頁。

16 中國現行民法法典之總則編、債編、物權編，分別公布於民國十八年；親屬編及繼承編公布於民國十九年；公司、票據、海商、保險四種民事特別法，也分別公布於民國十八年。刑法法典公布於民國二十四年，民事訟訴法及刑事訴訟法也分別公布於民國二十四年。

17《清史稿・刑法志》一，引新刑律草案按語：「修新刑律，所以收回領事裁判權。刑法內有三條，為外國人所不遵奉，即無收回裁判權之實。故所修刑律，專以摹仿外國為主」。又〈刑法志〉三：「爾時所以急於改革者，亦曰取法東西列強，藉以收回領事裁判權也，載在約章，存為左券」。俱見汪楫寶著，《民國司法志》（正中書局四十三年）內，謝冠生〈弁言〉，第二三頁之註 15。

人的權利與自由，強調法律之前人人平等，並且主張法律與道德應該嚴予分離[18]。

中國現行民刑法典的制定，因為以上述西方的成規為根據，在內容上可以說完全摒棄了儒家倫理道德的觀念。值得提出的幾點是，法律不再因當事人的「身分」而異其待遇。在親屬法上，血親與姻親制度取代了以宗法為基礎的家族制度[19]，因此父權大為減弱。男女平等以後[20]，夫的優越性也多不存在。換句話說，中國現行法律上，已不見所謂「法律儒家化」的痕跡；但是也沒有顯然留下任何孔孟人倫思想的遺緒。

事實上，中國現行民法有關家庭的制度，因為模仿西方成規的結果，多有矯枉過正之處。最顯著的就是家長由親屬團體推定而產生[21]以及夫妻財產詳舉種類而細定雙方的權利

---

18 按十八世紀的個人主義思想，深深影響當時西方的法律觀念與制度，使十九世紀時期西方各國相繼制定的法典，無不尊重個人的權利與自由，並強調法律之前人人平等。由於法律與當時社會上普遍接受的思想與信仰，配合無間，因此就不致發生嚴重的公平正義問題。其結果，當時法學上最得勢的理論，即所謂法律實證主義，也就在主張實證法自給自足，而無需任何外助，從而也就堅持法律與道德應該完全分離。參閱 Edgar Bodenheimer, Jurisprudence – The Philosophy and Method of the Law, (Harvard University Press 1962), pp.57-59.

19 參閱趙鳳喈著，《民法親屬編》（國立編譯館出版，正中書局印行，三十五年滬一版），第一五至三一頁。

20 參閱前註引趙著，第九二至一〇二頁。

21 中華民國民法親屬編第一千一百二十四條。

與義務[22]。前者可以說是西方民主思想的過份擴張；後者是把夫妻這最親密的一倫視同陌路，算得上是西方個人主義的極度表現。不過，二者都與中國人所認的常理太有距離，以致法條雖明明如此規定，實際上因為照做者極少，而形同具文。

新民法施行後，中國一般家庭的組織與形態究竟如何？如以臺灣三十幾年的經驗為根據，顯然是所謂傳統的大家庭與現代的小家庭同時存在，而前者愈來愈少，後者數量日增[23]。這本是經濟與社會變遷過程中，常見的情形。回到本文的主要目的，我們真正關心的是，在這種經濟社會變遷過程中，孔孟人倫的道理對於中國家庭關係的發展，究竟還可能有甚麼影響？

這個問題的意義何在？應該先交待一下。多年來，中華民國政府與民間共同致力推行中華文化復興運動，已是人所共知的事。文化復興運動，主要可說就在呼籲重振固有道

22　中華民國民法親屬編第一千零四條至一千零四十八條。

23　此處所謂傳統的大家庭，是泛指多代又多房（已婚兄弟同住）的家庭，或其中之一種而言；所謂現代的小家庭，則指夫妻與子女之二代家庭而言。雖然，學者調查研究的結果，祖父母、父母及子女直系三代同居的家庭，在數量上仍佔第二位。參閱 Mei-Chun Tang（唐美君）：Urban Chinese Families – An Anthropolical Field Study in Taipei, City, Taiwan (臺灣的中國都市家庭，National Taiwan University Press, 1978), p.69, p.74.

德[24]。所謂固有道德，主要可說就是儒家的倫理思想，而其中有關家庭的人倫思想，又可說是儒家倫理思想重心之所在。所以現在提出這個問題，可以說是與此時此地的社會密切相關。換句話說，復興固有文化，重振固有道德，必然牽涉到家庭關係的維護問題；而我們尤其關心的是，如何依據孔孟原來所講的道理，以維護並發展家庭關係的問題。

四、孔孟人倫思想與今後中國家庭關係的發展

從以上的討論，我們可以知道，孔孟有關家庭關係的道理，自西漢以後，曾經長久與法律或刑法結合而產生種種的後果。不過，現行的法律制度，表面上可說已與儒家的人倫思想無關。由於目前全國都在提倡儒家人倫思想的重振，因此實際做的時候，在觀念上與方法上應該如何取捨？對於過去與法律結合以及現在又與法律分離的經驗，應該如何解釋及處理？都是關心中國家庭關係發展的人士，值得重視的問題。以下擬再分幾點，試加討論。

1. 首先，孔孟關於家庭三倫的道理，都是以善良的人性

24 先總統　蔣公說過：「⋯⋯以我們文明的，高尚的民族道德——禮義廉恥、孝弟忠信、格致誠正、修齊治平的傳統文化之復興為依據⋯⋯。」見〈國父一百晉二誕辰暨中華文化復興節紀念詞〉，載《中華文化復興論叢》（中華文化復興運動推行委員會編印，五十八年三月）。

為基礎，以上已經提過。現在再以「父子」一倫的意義，來闡明父慈子孝的功能。「父子」在今天，當然兼指「父母子女」而言；尤其女兒在法律上對父母的關係，完全同兒子一樣；像繼承財產就是一例[25]。所以用現代權利義務對待的觀念來說，女兒即使嫁人以後，對父母也不能完全沒有義務[26]。今日有不少父母實際上是與女兒女婿同住的，因此「父慈子孝」就是「父母慈愛子女孝順」。我們想指出的是，這樣做非但可以培養父母子女之間自然的親情，同時這種親情以及培養這種親情的慈孝功夫，是可以推廣到祖孫多代關係上去的。事實上，這種能使老有所終、幼有所長的慈孝之道，也只有在祖孫多代、朝夕相處的家庭裡，才能充分發揚光大。因為各代如果只是時而一聚，不要說祖孫，就是父子，也無須著意去講求相安之道，共圖天倫的樂趣；而且就是想做，也沒有機會。現在很多人都慨歎親情日益淡薄，歸根究底，各代不願共處，恐怕是主要原因之一。因此，現在必須假定，文化復興運動所宜推行的家制，至少在原則上應該是一個三代同堂的家制。

任何有價值的事情，都有代價，都不易為。三代的家制

25 按民法一千一百三十八條所規定各遺產繼承人之第一順序，為「直系血親卑親屬」，即係兼指男女性而言。

26 按民法一千一百十五條所規定負扶養義務者之第一順序，為「直系血親卑親屬」，即係兼指男女性而言。

如果有其價值，就應該付出代價來加以維持。

2. 其次，為了維持三代的家制，必須重新闡明孔孟原先對於家庭關係所提出的道理。也就是強調有關雙方當事人的對待責任與義務——夫妻應該相敬，父母應慈子女應孝；推而廣之，祖應慈孫也應孝等等。很多人認為，三代的家制現在無法維持，主要是因為婆媳的地位，在法律上已經平等；婆婆不能支配媳婦，媳婦也不必聽從婆婆；於是過去不能不相忍共處，今日都不願再勉強如此。這一點確有其真實之處；不過，根據實際經驗，假定兩代夫妻感情都好，而父子能各自善盡其責任與義務，彼此相親合作；則婆媳間的衝突，非但可以減少，甚至可以避免[27]。由此，也可見父子一倫是何等重要。同時，因為父子可以做婆媳之間的橋樑，實行的時候，對於子女也可以樹立榜樣，而收身教的宏效。

3. 再說，孔孟原來有關人倫的道理，多是原則性的啟示，

27 本文作者生於三代同堂的家庭，與三代同住，前後五十一年。先與祖母、父母及姊妹同住，後與父母、妻子及子女同住。根據親身經驗，不能說三代家制沒有困難。但是親自所得以及親眼所見的父母子女之愛、祖孫之樂，乃至婆媳間之相互扶助，實非兩代小家庭所能想像。權衡輕重，除了特殊情形以外，三代分享的天倫樂趣，遠超過三代各自必須付出的代價。至於三代家制成功的關鍵，還是在父子能相親，夫妻能相愛。因為父子相親合作，二代夫妻又都相愛，沒有事情不能經由父子來協商溝通的。事實上，在臺灣，實行三代同堂而成功的，並不在少數。

可以有伸縮的餘地，以適應環境。就以「父慈子孝」中的「子孝」而言，「孝」的內容並無絕對不可更動的細節；而行孝亦無一成不變的方式。也許只可以說，原則上總須致力使父母能「心歡體舒」。但是何謂心「歡」，何謂體「舒」，也常須因父母而異其內容。至於實際上如何去做，以歡父母之心，以舒父母之體，自然更可以因時因地，因人因事而不同。換句話說，這與禮之屬於儀式者一樣，以「時」為大，從「宜」從「俗」。這一點，也是推行人倫道理的時候，不能不注意的。

4. 至於儒家人倫思想應不應該與法律結合的問題，質言之，就是法律與道德應該保持何等關係的問題。法律與道德的關係如何，在西方法學上一直爭論不休。事實上，法律與道德合一與分離的理論，都曾有過[28]。

儒家思想法律化，可以說是道德與法律合一最明顯的一個例子。禮之所不許，即法之所不容；「出禮即入刑」[29]。《唐律》以後，各朝代的刑律，其主要目的無不在維護禮教，也

28　例如自然法理論（Natural Law Theories）一般都是追求法律道德之合一，而法律實證主義（Legal Positivism）——尤其是分析實證主義（Analytical Positivism）則強調法律與道德之完全分離。參閱 Roscoe Pound, Law and Moarals, 2nd ed. (Chapel Hill, N. C. 1926), p.77.

29　語出《後漢書．陳寵傳》。

就是儒家思想。法律與道德一致，常常表示國家要強制執行的事情，與一般人所具有的是非善惡觀念，沒有距離；也就是社會上表現所謂「意見一致」（consensus）。這本是社會安全的重要因素；這一點，從中國自西漢以後直到清末，始終維持一個大體上不變的社會，也可以得到證實。

不過，儒家思想法律化的結果，對於儒家思想及中國法律均有不利，前已言之。事實上，法律並不能全離道德，因為法律與道德的最終目的，都在判斷是非與善惡。雖然，法律與道德要求的程度不同，則必須承認。法律是以「中人」或普通人為對象，以維持社會生活不可缺少的秩序與安寧為目的；而道德的崇高理想與目標，多是聖者賢者所樹立，也只有聖賢才能完全實現。因此，道德所不許者，法律有時加以容忍，有時不加處罰[30]。換言之，超越常人能所達到的理想與目標，不宜訂入法律，更不宜強制執行。否則，法律既會為人所厭惡恐懼，理想與目標本身也必受到損害。孔孟有關人倫的道理，多是做人的崇高理想，振興的途徑，仍在以教育感化為主；尤其要靠各個人身體力行，彼此間鼓勵效法，

30 例如夫妻一方有不治的重症或生死不明若干時間後，法律允許他方請求離婚（參閱中華民國民法第一千零五十二條）。又如多數國家的刑法均規定，無配偶間的「通姦」，法律不加干涉。而且有配偶與人通姦，雖都處罰，但配偶縱容或宥恕者，即不得告訴（參閱中華民國刑法第二百三十九條、第二百四十五條）。

進而蔚成風氣。

在另一方面，法律對於實現較高的理想，並非不能有所作為；也就是說法律不必以「最低限度的倫理或道德」自居為已足[31]。政府果真想認可三代家制的價值，儘可在方法與技術上予以扶助。試舉具體的建議二種，略加說明。例如法律不妨規定，國民住宅必須有足夠的空間容納三代，並使三代各有適度的隱密（privacy），以利共處。法律甚至可以規定，對於實行三代同住的家庭，優先分配住宅，或優先分配較好的住宅。又如，法律也可以進一步改善退休養老的制度，使年老者生活充分自給自足。與兒孫同住，不是為物質上的供養，而是求精神上的慰藉；這精神上的慰藉，實際上也就是各代可以分享的天倫樂趣。

任何崇高的目的，都有待可行的方法來完成。法律可以做到的，就是為振興道德，提供最好的環境與途徑[32]。這也可以說就是孔孟人倫思想與法律應有的關係。

5. 最後，我們認為現在為了維護家庭關係，雙方當事人各自盡其責任與義務的時候，應該受到個人基本權利觀念的

31 「最低的倫理」（A minimum ethics or an ethical minimum），語出 Georg Jellinek, Die Sozialethische Bedeutung von Recht, Unrecht und Strafe (Wien, 1878), S.42.

32 參閱 Ernst Barker, Principles of Social and Political Theory, (Oxford University Press, 1956), p.119, p.121.

規範。基本人權的觀念，雖然意義不一而且有時難免被誤用或濫用，但卻是西方文明最大的貢獻之一。此處自然不能加以詳述，而只擬簡單指出：根據這種觀念，每一個人都具有一些權利，像生命權、自由權、追求幸福權等等，不是任何人所賦予，也不能被任何人任意剝奪。由於這些權利好似與生俱來，學者就稱其為天賦人權或自然人權。經過相當時間的演變，這些當初只是理論上的權利，已次第成為法律上可以保障的權利[33]。

根據這種觀念，在維繫家庭關係的時候，雖然有關當事人應該克盡其責任與義務，但是不應該做到一種程度，使現代的人感覺不合情理或是違反了基本人權。尤其是卑幼對於尊長盡孝，中國歷史上有很多這類記載。譬如為子為女為媳者，常有冒著犧牲健康與生命的危險，去侍奉父母或翁姑的。一般人最熟知的，就是割股療親的故事，不久以前臺灣南部還有類似的事情發生。此外，像臥冰得鯉、嚐糞知病等故事，也是家喻戶曉的[34]。

33 十七、十八世紀的自然權利，在十八世紀中葉以後，開始被規定於憲法之上，到了十九世紀，則更日益受到普通法律的具體保障。參閱 Richard D. Claude, "The Classical Mode of Human Rights Development", in Richard D. Claude ed. Comparative Human Rights, (John Hopkins University Press, 1976), pp.6-46.

34 俱見二十四孝的故事。

此類不平凡的孝行，自有其至為感人動人的地方。人與人之間，情愛的表達，無邊無涯。這原是道德崇高本質的所在，不該加以厚非。這裡所要講的是，此種事例究竟不是一般人所應效法，不宜作為普遍推行人倫之道的榜樣或模範。主要的一點是，在現代，為了盡子女的孝心，可以有更合情合理而有效的做法；同時，這裡還牽涉到合法的問題。因為中國現行的法律制度，原來就是以西方保障個人權利自由的理論為根據，與基本人權的觀念，一脈相承。果有侵犯人權的事例，法律就會干涉[35]。因此，推行孔孟人倫道理的時候，重視基本人權，非但是在顧到現代社會的情理，有時也常是在符合現行的中國法律。

不過，在今日講維護家庭關係時，如果強調基本人權觀念，並非專在防止嚴重侵犯人權之事。這類事情，究竟已不會常有。主要的目的，乃在指出凡人在根本上均有同等的價

35 譬如前述「割股療親」一類事例，今日如鼓勵或幫助他人如此做，而致人受重傷者，即可構成犯罪。（參閱中華民國刑法第二百八十二條。該條規定：「教唆或幫助他人使之自傷，或受其囑託或得其承諾而傷害之，成重傷者，處三年以下有期徒刑。因而致死者，處六個月以上五年以下有期徒刑」。）
又如尊親屬對未成年子孫施以體罰，過當者，也可構成犯罪。（參閱中華民國刑法第二百八十六條。該條規定：「對於未滿十六歲之男女施以凌虐或以他法致妨害其身體之自然發育者，處五年以下有期徒刑，拘役或五百元以下罰金。」）

值與尊嚴，應一律加以重視。因此，即使父母子女之間的相對責任與義務，也應以此為基礎；進而加以闡揚與發展。

貳、結語

孔孟有關人倫或家庭關係的道理，因為是發乎人的本性而又以原則的方式表示，所以都有不破不朽的價值。但是由於過去用法律或刑罰嚴厲加以執行，使人不能不照做，也不敢不照做；以致真義常被誤解。中國的現行法律，在西化之後，涉及家庭關係的制度，多已與孔孟的人倫思想無關。現時的中國社會，在工業化與都市化之後，一般家庭的組織與形態，也與孔孟人倫思想所認可的，大不相同。此時此地進行文化復興，重振孔孟人倫之道，需費之心力，可想而知。

雖然，本文鼓吹三代家制，一不想唱高調，二不願作空論；而是根據一些實際的經驗，並提出若干具體的建議。但是必以為此制行不通，則不住一起的各代，對於如何促進各代之間的親情關係，仍可以孔孟的人倫觀念為參考。譬如，晚近生活都市化之結果，公寓式房屋日多，三代在同一公寓的分層而居，或左右為鄰而居，均不失為可行之途徑。總之，本文以為孔孟所講的人倫原則，都可以適應時代而歷久常新。要在能夠彰明其原來的面目，並於實行之際，呼籲有關當事人尊重基本人權。如此，或許可以發展而成一種基於溫和個人主義的中國家庭制度，既能適應現代的中國社會，也能協調現行的中國法律。

第三篇
個人在中國傳統與現代法律上之地位*

目次

壹、緒言

中國有悠久的歷史及獨特的文化，亦有其悠久而獨特的法律傳統。傳統的中國法律，自漢（206 B.C.-220 A.D.）迄清（1644-1911），經二千餘年的發展，早成體系。中國法律之

* 本文原載《中國人的價值國際研討會論文集》（民國八十一年六月），漢學研究中心刊行。

現代化始於十九世紀清季末葉，現代化法典之制定，則多完成於民國二十年前後；其內容，事實上什九因襲西方之成規，而幾乎盡棄原有的傳統。不過，久遠的法律傳統對現代化法典之運作有無影響或有何影響，乃一值得廣泛而深入探討的問題。本文擬從個人（the individual）在傳統法律與現代法律上之地位，討論此一問題。

按法律本在規範人類的社會生活，而社會為個人所組成，法律與個人關係之密切，不言可喻。實際上，個人作為社會之一分子，其地位為法律所規定，或係法律施行之結果。雖然，任何法律制度總有某些思想與觀念上的基礎，而為深入了解該法律制度與個人之關係所必要。因此，在探討個人分別在中國傳統法律與西化的現代法律上之地位以前，略述中國與西方對法律與個人關係足具影響力的思想與觀念，自有助益。為分析比較之方便，先從西方有關的思想與觀念開始。

貳、個人在西方思想中之地位

在西方，關於法律之思想與學說至多，但是始終以個人為中心觀念者則為自然法（natural law）思想。自希臘、羅馬、中世紀以迄近世，不斷有學者闡揚自然法思想。一般說來，如就各時代自然法學者之結論而言，彼此共通之處不難把握。此等學者均認為人類社會生活所適用的行為規則，並不限於國家或政府制定的法律。國家所制定的行為規則以外，尚有性質更為普遍的行為規範，適用於一切的人而非某一個人或某一時間及空間內之某一社會。此等人類行為規範，並非由任何人所創制，而係根據具有理性（reason）的人之基本需要而存在者，故人憑藉其理性即得察知之或認識之。此等規範形成一切個別行為規則之泉源，並構成批判一切人為規則的內容為善為惡、公平與否之標準[1]。

至十七、十八世紀時，個人「自然權利」（natural rights）之觀念取代了「自然法」思想，並與法律相結合。個人之地位彰顯至極，個人從此成為西方法律思想與制度之靈魂，且與民主政治之發展不可分。現在即就此一時期自然權利之學說，對於個人在西方法律上地位之影響，略予釋明。

十七、十八世紀主張個人自然權利之學者，不在少數，且彼此所見亦不盡相同。可以霍布斯（Thomas Hobbes, 1588-1679）、洛克（John Locke, 1632-1704）、與盧梭（Jean

1 參閱 Mortimer Adler, "The Doctrine of Natural Law," Natural Law Institute Proceedings," vol.1, (College of Law, University of Notre Dame, Indiana, 1949), pp.67-68；馬漢寶〈自然法之現代的意義〉原載《社會科學論叢》第十七輯（國立臺灣大學法學院刊行，民國五十六年七月）收入於馬漢寶，《西洋法律思想主流之發展》，《國立臺灣大學法學叢書》（98）（民國八十八年五月）。

Jacques Rousseau, 1712-1778）為代表。三者之立論，基本上均假設人原生活於一種自然狀態（state of nature）之中，享有與生俱來而不可分離的若干自然權利。為避免相互侵犯，乃依一種社會契約（social contract），結成國家、組織政府，以達到維持和平及保護個人權利之目的；且政府之權力即須受此約定之限制。如分別言之，霍布斯所謂自然狀態為一爭亂狀態，人本其理性，乃知為求自保，須組織政府，制定法律。政府與法律全為保護個人及其權利而存在。前此以客觀的人性為基礎之自然法，至霍布斯，一變而為個人主觀的自然權利。洛克因處於中產階級興起之際，強調個人不可侵犯的自然權利，重在生命權、自由權，尤其財產權。且所謂自然狀態雖為樂園狀態，但個人為確保其與生俱來的權利，乃將此等權利託付所組之政府。政府如負所託，個人得加以更換。盧梭因其所憧憬之原始而樸素的社會生活，既已不存在，個人唯有藉國家以保障其在自然狀態中享有之自由與平等。國家原是基於各個人的意志即所謂「一般意志」（volonté générale）而組成，服從國家及國家的法律，亦即是服從個人自己。個人意志與一般意志打成一片。此為盧梭學說特殊之處，亦為其學說困難之所在[2]。

2　參閱 Edger Bodenheimer, Jurisprudence - The Philosophy and Method of the Law (Harvard University Press, 1974), pp.39-57.

由以上釋明可知，在社會契約與自然權利觀念中之個人，乃是一「抽象的個人」（an abstract individual），而此一抽象的個人進入組成的社會前所處「自然狀態」，亦屬一種虛擬的推理根據。不過，在涵義上，學者曾指出，其在表明「一切型態的社會生活為個人之產物」，「僅屬個人意志與權利之結合」，「而為達成個人目的之工具」[3]。此種抽象虛擬的觀念及其涵義，事實上確為現代西方文明帶來具體而實際的成果。美國革命與法國革命之相繼發生，民主憲政之發展，均係舉其大者。尤其在法律方面，自然權利之說更為現代法律制度提供了基本的原理與原則。例如個人權利自由之保障，個人尊嚴與價值之提昇，均次第為西方各國現代立法所採據。一七九四年之普魯士菲德烈大帝法典（Code of Frederick the Great of Prussia），一八〇四年之拿破崙法典（Code Napoleon），一八九六年之德國民法典及一九〇七年之瑞士民法典，無不在其施行範圍內對於所有個人賦予相當的自由、平等與安全；足當西方現代法律之楷模[4]。

不過，西方現代法典所以多成於十九世紀，原係由於當時新興的主權國家，亟需中央的法律以利統治。國家制定的

---

3 Otto Gierke, Natural Law and The Theory of Society, 1500-1800 (1913), tr.E. Barker (Boston, 1957), p.96, p.106, III; Steven Lukes, Individualism (Oxford, England: Basil Blackwell Publishers Limited, 1973), pp.73-75.

4 Bodenheimer, op.cit., pp.58-59.

法律，權威乃呈至高無上。於是實證主義的（positivistic）法學遂應運而生，堅持法律限於國家制定或承認的所謂實證法（positive law）；法學的任務專在分析釋明實證法而不計其內容，故法律與道德須嚴加分離[5]。此種理論自不能容忍任何主張國家法律以外，尚有更高的行為規範之說。因此，自然法思想乃一落千丈，終十九世紀而難以重振。但值得注意者，此一時期西方新興國家之法典，其內容如以上所說，無不著重個人的權利與自由，與當時普行於西方社會之個人主義兼自由主義的經濟生活，正相符合。法律可以不必顧慮其內容而通行無阻。法律實證主義所以能屹立於十九世紀而不墜者，其實際原因在此，並非法律實證主義本身之理論無有缺失。

參、個人在中國傳統思想中之地位

對個人在傳統中國法律上地位最具影響力的思想，應推儒家之學說。淵源於孔子的儒家，可說極端重視個人。《大學》中記載：「身修而后家齊，家齊而后國治，國治而后天下平，自天子以至於庶人，壹是皆以修身為本」，表示儒家基於人性本善之主張，認為個人自身之修養與道德，係治理家、國乃至天下之基礎。儒家學說有關修身之德目甚多，而

5 ibid. pp.57-58, 90-94.

學者通常均以「仁」之觀念為中心[6]。即仁為眾德所合成，是眾德之總稱。仁及其所含之一切德性，無不從個人開始。所謂「仁者人也」(《中庸》)，即愛人之意。「己欲立而立人，己欲達而達人」(《論語・雍也》)。而「克己復禮為仁」，「為仁由己」(《論語・顏淵》)，「仁遠乎哉，我欲仁，斯仁至矣」(《論語・述而》)。概見儒家對個人價值之肯定。且從「自天子以至於庶人，壹是皆以修身為本」以及「有教無類」(《論語・衛靈公》)之說，亦可知在儒家心目中，每一個人就教育而言，都是同等的，無階級與貴賤之分。

不過，於此也必須了解，儒家對個人的觀念之建立，是從個人倫理道德之培養著眼、著力。即人人皆可藉修身以進業，而並非在乎個人在社會中實際的地位應該如何。必欲言個人之地位如何，亦在以個人的德性為評定之標準，而不以外在的因素為衡量之依據。凡此與西方思想中之個人觀念，自有不同。

抑有進者，儒家講修身，雖由個人，其方法卻非全賴個人。如以上所說「仁者人也」，而「親親為大」(《中庸》)，即指行仁最重親愛父母或與父母之關係。析言之，儒家思想之菁華，亦可說在其人倫或人與人間關係之道理。人與人之

6 如錢穆，《中國思想史》；陳大齊，《孔子學說》；吳康，《孔孟荀哲學》等。

關係種類甚多，儒家則以五倫為代表加以闡明。亦即「君臣也、父子也、夫婦也、昆弟也、朋友之交也，五者天下之達道也」（《孟子・滕文公》）。每一種人與人之關係，都須有關的雙方個人共同加以維護，故曰「君君、臣臣、父父、子子」（《論語・顏淵》），亦即為君者應盡為君者之道，為臣者應盡為臣者之道，為父者應盡為父者之道，為子者應盡為子者之道。推而廣之，「夫夫、婦婦、兄兄、弟弟」亦然。換言之，雙方個人應該各盡自己的責任與義務。進一步說，就是每一個人與人之關係，均有一理想，經由雙方個人合力去實現。因此，「父子有親，夫婦有別，長幼（兄弟）有序」，這「親」、「別」、「序」就是三種關係之理想。但是每一種關係之雙方個人，必須各盡自己的責任與義務，方能實現理想。以「父子」一倫為例，要「父子有親」，必須「父慈子孝」，《大學》上所謂「為人子止於孝，為人父止於慈」是。亦可說「父子」一倫之理想，合起來是「父子有親」，分開來就是「父慈子孝」。至於「夫婦」、「兄弟」二倫，亦是一樣。如換個角度來看，這亦即是修身齊家之道理。因為父子、夫婦、兄弟，此關係家庭之三倫，維持得宜，就是家齊。每一個人在三倫任何一種關係上，皆能盡其責任與義務，就是身修。所以修身在齊家之先。齊家就在使家庭有親、有別、有序，而齊家之道，就在三倫之雙方個人各自先修其身，亦即各自實踐其責任、履行其義務。所謂父慈、子孝、夫和、妻柔、兄愛、弟敬（《左傳‧昭公二十六年》）是。

由此可知，儒家重個人，在重其倫理道德之修養，而實踐之方法，則是責成個人各盡其人倫上的義務。質言之，個人之倫理道德，須在人與人之關係中，始能完成與發揮。因此，可以說在儒家思想中，難有與任何他人無關的「個人」觀念之產生，亦難有與任何他人完全「平等」的觀念之產生。

此外，個人在傳統法律上之地位，亦深受陰陽家之影響。這是因為漢初儒家思想吸收了陰陽家「天人感應」的說法，認為自然現象與一切人事都互相影響。儒家學者接受陰陽五行之說最明顯者，應屬董仲舒。其所著《春秋繁露》一書，充分表示宇宙間一切事物均不出陰陽五行之範圍及支配。在人倫方面，則受「陽尊陰卑」觀念之左右。諸如「君為陽、臣為陰、父為陽、子為陰、夫為陽、妻為陰」，「君尊臣卑、父尊子卑、夫尊妻卑」以及「子順父、臣順君、妻順夫」之說均是。基於此，為子為婦為幼者，絕對服從為父為夫為長者，猶如地之順天。此種強調一方臣服另一方的論調，大大改變了孔孟人倫思想中，個人與個人對待關係之道理。

對於個人在傳統法律上地位具有更直接的影響者，則為法家之思想。法家認為人性本惡，因此治理社會與國家，不能靠倫理道德，而必須依賴嚴刑峻法。所以商君說「以良民治必亂至削，以姦民治必治至疆」(《商君書・說民》)；《韓非子》則說「嚴刑重罰所以治國」(《韓非子・姦劫弒君》)。

法家此種思想，否定儒家個人可以己立立人，己達達人之說甚明。不過，法家亦主張禮法之效宏，必須法之施於人，不因身分、地位或情愛而有所區別，所謂「刑者，刑無等級，自卿相、將軍以至於大夫庶人，有不從令、犯國禁、亂上制者，罪死不赦」(《商君書・賞刑篇》)；而「骨肉可刑，親戚可滅，至法不可闕」(《慎子・內篇》)。這表示法律之前，人人平等，與儒家「人人親其親，長其長而天下平」(《孟子・離婁》)，「父為子隱，子為父隱，直在其中矣」(《論語》)之見解，亦大相逕庭。

肆、個人在中國傳統法律上之地位

中國之傳統法律，自漢起雖每一朝代均有律文，而學者公認最能代表中國法律傳統之特色者，應推《唐律》。緣自漢武帝當政，儒家初被尊為正統，法家與其他各家思想雖同受排斥，但法或刑對治理國家能奏急功，能收急效，已為當時君主所確認。因此，儒家學者為適應此一局面，乃接受法之存在；甚且順應法家之若干觀念，企能達到以儒家思想支配法或刑之目的，亦即儒家以禮制法之目的[7]。

按法家本來只是堅持用「法」或「刑」，作為為政之方法。至於為政之內容，很少有所表示。而儒家一向對於為政，具有明確的主張。因此，以儒家思想為內容，以「法」或「刑」為方法，並不難做到。尤其儒家思想在漢初，揉合陰陽家與法家之觀念以後，主張尊君之說，深得君主歡心，很容易就成為當時法律之實質內容，而法典或刑律也就成為實行這些內容的工具。此種發展之結果，表現於《唐律》中者，最為具體而顯著。首先，儒家所重視之個人與個人間的關係，特別是與家庭有關者，原係雙方各個人修德進業之階，如今皆成法律規範之對象。尤其在漢儒經營之後，所謂君尊臣卑、父尊子卑、夫尊妻卑、長尊幼卑，以及子順父、妻順夫、弟順兄等理論，此時亦一一透過刑罰加以強制執行。

一般言之，法律要求於卑幼者，遠超過要求於尊長者。再以「父子」一倫為例，子孝之責任與義務，為嚴刑峻法所強制。因此，「諸詈祖父母、父母者，絞。毆者，斬。過失殺者，流三千里」(〈鬪訟〉第二十八條)；「諸祖父母、父母在而子孫別籍異財者，徒三年」(〈戶婚〉第六條)；「子孫違反教令，及供養有闕者，徒二年」(〈鬪訟〉第四十七條)。反

7 儒家「以禮制法」之論，著者已另有專文說明，參閱馬漢寶，〈法律、道德與中國社會的變遷〉，原載《國立臺灣大學法學論叢》第一卷第一期，(民國六十年十月)；收入於本書第一篇。

之，祖父母或父母以子孫不孝或違反教令，而毆殺子孫者，則罪刑甚輕[8]。至於夫妻相犯，通常則從尊長卑幼之法，即夫犯妻從輕，妻犯夫從重[9]。此外，弟犯兄，其罪亦比兄犯弟為重[10]。

至於君主時代，尊君為天子、為民父母，臣民犯之者，其罪最惡。《唐律》對犯天子及其至親，比子孫犯父祖尤重，均科死刑[11]。

《唐律》之內容，足以表示在中國傳統法律上，既無法家所主張之罪刑平等，更無西方所強調之個人平等或男女平等。且法律內容，幾乎悉關犯罪與刑罰，極少民事。即使有民事性質的規定，違者亦負刑事責任。例如違律為婚，收養違法，買賣標的物有瑕疵，及債務不履行等，均受刑罰制裁[12]。法律之內容既然均屬犯罪與刑罰之事，且刑罰又偏於嚴

8　例如〈鬪訟〉第二十八條「若子孫違反教令，而祖父母、父母毆殺者，徒一年半」；「過失殺者，各勿論」。

9　例如〈鬪訟〉第二十四條「諸毆傷妻者，減凡人二等。死者，以凡人論」；「過失殺者，各勿論」。又〈鬪訟〉第二十五條「諸妻毆夫，徒一年。若毆傷重者，加凡鬪傷三等。死者，斬」。

10　例如〈鬪訟〉第二十七條「諸毆兄姐者，徒二年半，傷者，徒二年，傷者，徒三年。死者，皆斬」；同條「若毆殺弟妹者，徒三年。過失殺者，各勿論」。

11　例如〈賊盜〉第一條「諸謀反及大逆者，皆斬」。

12　例如〈戶婚〉第二十六條以，〈戶婚〉第八條至第十條，〈雜律〉第三十條行濫、短狹，〈雜律〉第十條負債不償。

峻，對個人之名譽、財產、身體與生命，自難求保障周全。《唐律》五百餘條律文，原則上雖對罪與刑均予明定，似合於罪刑法定主義，但因律條多係具體而個別的規定，無法兼顧。不得不藉解釋及概括規定，以濟其窮。其中「不應得為」條：「諸不應得為而為之者，笞四十，事理重者杖八十」(〈雜律〉第六十二條）之規定，如運用不慎，難免造成擅斷，而對個人之保障更難。

上述《唐律》之制，為其後歷朝法典所承襲，唯罪名與刑罰之輕重有所出入而已。

伍、個人在中國現代法律上之地位

中國自清末為西方列強戰敗之後，不久即有以西方法制為模範之變法運動。言變法以及其與個人地位之關係，不能不從制憲開始。西方之憲法與憲政，原為個人爭取權利與自由之保障而產生。中國變法之初，即圖制憲。經歷多次憲草，卒於民國三十五年制成現行的憲法。除首揭中華民國為民有、民治、民享之民主共和國外[13]，對個人之權利自由，兼採列

13 中華民國憲法第一條規定「中華民國基於三民主義，為民有、民治、民享之民主共和國」。

舉與概括的保障條款[14]，並明言人民在法律上一律平等[15]。就所採之制度而言，可以媲美西方先進國家之憲法。至於中國推動整個法制之修改，固可說係因為相信修法改律確為圖強之道，而其主要目的，則在於收回因不平等條約而喪失之法權。事實上，西方列強明白表示，如果中國變更法制，達到西方的標準，即願放棄領事裁判權及其他形式的治外法權[16]。因此，中國法律之所謂「現代化」，實即「西方化」，而且並非完全出於自願。

前已言之，自十八世紀以迄十九世紀末期，西方的法律，係以尊重個人權利及法律之前人人平等為基礎。而整個十九世紀，西方的一般法學理論與實務，均將法律限於國家制定或承認之實證法，完全與倫理道德分離。中國修訂法律，既須符合此種標準，自然引起當時朝野人士之強烈反對[17]。致修訂法律之努力，終滿清之世，未能貫徹。不過，民國肇始後，

---

14 中華民國憲法第八條至第十一條，列舉人民各項權利與自由。第二十二條概括規定「凡人民之其他自由及權利，不妨害社會秩序公共利益者，均受憲法之保障」。

15 中華民國憲法第七條規定「中華民國人民，無分男女、宗教、種族、階級、黨派，在法律上一律平等」。

16 參閱汪楫寶，《民國司法志》，（臺灣正中書局，民國四十三年），謝冠生〈弁言〉第七至八頁。

17 參閱楊鴻烈，《中國法律思想史》下冊（臺灣商務印書館，民國五十三年），第三二三至三三〇頁。

進展甚速。主要法典，均在國民政府民國十七年定都南京後，次第完成。政府當時曾明令以　國父孫中山先生之三民主義為立法之最高原則。雖然，法律之制定與修訂，基本上仍是以西方法制之一般趨勢為準據。例如民國十八年、十九年公布的中國民法各編，即係以前述德國、瑞士等國之民法為根據。民國二十四年公布的中國刑法，則係以一九三二年的波蘭刑法、一九三一年西化後的日本修正刑法、一九三〇年的意大利刑法、一九二七年的德國刑法草案等為範本[18]。由於主要的法典深受西方制度的影響，中國的現代立法，可說將原有的傳統，幾乎全數加以排除。

新立法最大特色，當然是民刑法之分立。論內容，最大的變更，可說即是個人地位與男女平等原則之確立。就個人地位而言，民法第一編總則，除第一章為「法例」外，第二章開宗明義即以「人」為名，以示人為權利義務之主體。契約為兩個個人意見之一致，而婚姻則為兩個個人之結合。由於男女平等，故親權得由夫妻共同行使，夫妻財產制度趨於綦詳。同時，妻子與女性卑親屬亦均得享有繼承權。至於罪刑，亦原則上一以個人為根據，其詳不能在此具述。

18　參閱謝振民，《中華民國立法史》（上海正中書局，民國三十七年）第九一〇至九七六頁，第一一八至一三一頁。

陸、中國法律傳統與個人在現代法律上地位之關係

中國的現代法律，因為利用西方先進國家的制度為藍本，採長去短，在保障個人權利及提升個人地位方面，不輸西方國家。尤其在政府播遷臺灣以後之數十年間，雖處非常時期，主要民刑法典仍有所修訂，且亦多以個人權利自由之維護為宗旨。例如民法上男女平等原則之貫徹，刑法上訴訟程序之改進等均是[19]。

不過，具備西方化的現代法典，並不一定表示西方所謂的「法治」已經實現。猶如有一部成文憲法，未必即有實際的憲政。如何能使國人於社會生活中，切實接受西化的現代法制，茲事體大。以下，姑就兩方面，略述所見。

首先，傳統的中國社會，原是建立於人與人之關係上，雖要求個人與個人間的對待行為，而概以義務為重。個人盡其義務，既是合乎道德，亦是遵守法律。因此，西方所謂「權利」之觀念，在中國歷史上難以發生。個人的權利與自由等觀念，中國人遲至十九世紀中葉，西方思想輸入中國時，始得而聞之。傳統的義務價值觀，繼續主導社會生活，中國人的權利觀念即不易建立。個人對於法律准許行使或主張的權

19　民法親屬編曾於民國七十九年大幅增刪，刑事訴訟法於民國五十六年、五十七年、七十一年分別修正。

利，乃常不加行使或主張，個人或他人的權利，亦常常不知尊重。

西方世界於二十世紀之初，因為社會、經濟及政治上的變化，確已產生一種對於社會的新的責任意識。此種新的意識，確實已日益顯現於西方的法律。不過，此種強調社會義務的觀念，乃是個人主義充分發展以後而生，旨在緩和過甚的個人主義，以應付社會生活之新情勢。中國未曾有此經歷，因此，中國一向重視義務之觀念，不能即認為與西方新起的社會意識，不謀而合。西方的社會義務觀念，與個人的權利與自由不可分。中國人對於個人的權利與自由，不能深加了解，即不易體認上述西方的社會義務觀念，自亦不易加以遵行。換言之，私權不依法行使，不依法主張，為公益而求助於法律，一般人更是裹足不前。

其次，多年來，我國因為經濟、社會與政治上之變遷迅速而劇烈，一般人民之生活乃日益現代化或西方化。西方化的法律制度已有更多的實施機會，亦無可否認。易言之，人民對西方化的現代法律，知識日增，對個人權利自由之體認自然亦日強。而就個人受法律保障之權利自由而言，憲法之規定最為直接而明顯，已如前述。惟憲法對個人之權利自由，多僅作抽象原則之規定，切實保障，端賴具體法律之執行。至法律是否執行憲法保障個人權利自由之任務，或有無違背憲法之意旨，在我國則由專司釋憲之司法院大法官為之[20]。事實上，近年來，一般人民聲請司法院大法官解釋涉及其憲法上個人權利自由之案件已大增，而司法院大法官受理此類案件，並作成解釋者，亦隨之日多[21]。此一發展之意義為何，試舉與個人身體自由有關之二號解釋為例，加以說明。

按憲法第八條第一項明文規定：「人民身體之自由應予保障，除現行犯之逮捕由法律另定外，非經司法或警察機關依法定程序，不得逮捕拘禁。非由法院依法定程序，不得審問處罰。非依法定程序之逮捕、拘禁、審問、處罰，得拒絕之」[22]。而依違警罰法之規定，則警察官署得裁決拘留及罰役。此項規定是否侵害上述憲法第八條第一項所保障之個人身體自由，乃生疑問。司法院大法官於受理聲請後，於民國六十九年作成釋字第一六六號解釋，指出「違警罰法規定由警察官署裁決之拘留罰役，係關於人民身體自由所為之處罰，應速由法院依法定程序為之，以符憲法第八條第一項之本旨」[23]。惟此項解釋，事隔十年並未執行，違警罰法仍在施行。適違警罰法第三十八條之規定「因遊蕩或懶惰而有違警

20 見中華民國憲法第七十八條、第七十九條。

21 憲法解釋案件已自民國七十五年之十一件、七十七年之十三件增至七十九年之二十二件，司法院秘書處提供。

22 違警罰法第十八條將違警罰之主罰分為拘留、罰鍰、罰役及申誡。

23 見《司法院大法官會議解釋彙編》，司法院秘書處印行。

行為之習慣者，得以加重處罰，並得於執行完畢後，送交相當處所施以矯正或令其學習生活技能」，亦發生是否違背憲法第八條第一項之疑義。司法院大法官乃得藉此一聲請案，於民國七十九年作成釋字第二五一號解釋，具體指明違警罰法「送交相當處所施以矯正或令其學習生活技能之處分，同屬限制人民之身體自由，其裁決由警察官署為之亦與憲法第八條第一項之本旨不符，應與拘留、罰役之裁決程序，一併改由法院依法定程序為之。前述解釋之拘留罰役及本件解釋之處分裁決程序規定，至遲應於中華民國八十年七月一日起，失其效力。並應於此期限前，修訂相關法律」[24]。是可知，此一解釋已對違警罰法牴觸憲法保障個人身體自由之規定，限期使之失效。基於此項解釋，司法當局並已積極在各地籌設治安法庭，以應實際需要。司法院大法官有此項解釋，對於個人體認其權利與自由，以及了解法律應有之功能，自大有助益。

柒、結語

中國傳統文化重視人倫，強調人與人間相互的義務，影響傳統法律觀念與社會，至為深遠。中國法律之現代化係以

24 同上。

西方法制為藍本，而西方法律社會之基礎，則為個人權利自由之思想。傳統觀念與現代化法律，難免不生齟齬。

惟社會生活現代化之結果，不能不需要現代化的法律，以為定分止爭的規範。至今，現代化法律制度已日趨完備，而國人猶不能共守力行者，究其原因，仍在對現代法律制度之基礎，認識不足。換言之，為使現代化的法律制度在中國生根茁壯，非先認識並接受現代化法律之基礎觀念不可。亦即必須在中國人心理上、信仰中，樹立個人之尊嚴與價值，進而始能切實了解法律與個人權利自由及民主政治之關係，乃屬不可分。

由此可知，變「法」易，變「法之觀念」難。為求變「法」有效，則又不能不求變「法之觀念」。於此則願指出，著者並無意一味鼓吹西方對個人之觀念，及推崇個人權利自由之法制。中國傳統上所重視之人倫思想與制度，原有其不可磨滅的價值。著者曾為文主張「以個人主義為基礎之中國家庭社會」[25]，可約言之以為一例。是即人人平等而各有其價值與尊嚴，須先予肯定。然後應在不危害個人基本人權之條件下，致力維護倫常制度。其主要途徑之一，則在培養三代

25 見馬漢寶，〈儒家思想法律化與中國家庭關係的發展〉，本書第二篇。

親人間之密切關係[26]。筆者深信，此種確認個人價值進而發展個人與個人間，個人與社會間關係之觀念，與法律制度結合，可以兼顧中國與西方文化之精華，值得作更深入的探討。

26 在此種家制下，祖孫三代，不必一定處於「一堂」，反宜上下、左右，毗鄰而居，各有自己隱私，卻彼此隨時可以照顧。且不分與兒及媳，或與女及婿，適合即可。尤須父母與兒、媳或與女、婿兩代，各有相當經濟自立之基礎，包括合理的退休制度。「共居」，重在培育親情，落實互助，而非為生活之依靠。在此種家制下，子女之教育、成長，斷然不同。日後作為社會、國家之成員，亦自不同。

第四篇

法律教育之前瞻與基礎法學*

目次

壹、緒言

海峽兩岸法學學術研討會第一次會議，以「法律教育與基礎法學之研究」為主題，足見重視法律教育與基礎法學的關係，甚為欣佩。研討會指定本人在第一次會議中，就法律教育的前瞻發表論文，因思不如即以「法律教育之前瞻與基礎法學」為題；一則符合此第一次會議的主題，二則亦可以表示，本人確信從基礎法學的立場探討法律教育的前途，甚為重要。惟學界對於基礎法學的涵義，所見或不盡同。本文

* 本文原載《中國法制比較研究論文集》，第一屆海峽兩岸法學學術研討會，東吳大學法律研究所刊行（一九九四）。

則以研究法律基本理論的法理學或法律哲學為基礎法學。

按有關法律教育的中外書籍與論文甚多[1]。論國內（大陸地區除外）法律教育及其改進之道的文章，亦復不少[2]；對於法律教育的目的，法律教育的各種制度，包括師資、課程、設備、教學與考試等各方面，應如何定位及興革，均多所建議。凡關心法律教育的人士，相信都相當熟悉。已說過的無需重複，因此本文擬換一方向；試從法理學或法律哲學的觀點，討論法律教育之上述各項問題。如此做法，不是將法理學或法律哲學作為法學的一種，如民法學或刑法學，而從其立場談法律教育；而是試從整個法律的基本理論，探究法律教育應該如何。

法律教育原在培訓與法律有關的人材。每一種重要的法學理論，都對「法律是甚麼？」這一問題，有其答案或見解。對於法律的見解不同，對法律的功能即有不同的看法；自然對如何培訓人材，也就有不同的主張。法律的基本理論與法律教育的關係，於此可見。

1 參閱美國出版之定期刊物 Journal of Legal Education, Association of American Law Schools, edited by the Faculty of Law, Duke University。

2 參閱李模〈改進法律教育的具體建議〉（國家安全會議國家建設委員會專案報告）及中國論壇第十六卷第一期所載各篇論文（一九八三年四月，臺北）。

貳、法律教育與西洋法律思想

任何社會不能沒有某種形態的法律，以維持共同生活。社會生活的內容日益繁複，其法律亦更需制度。法律制度日益精密，隨之即需要更有組織、有計劃的法律教育，以培植知法、造法及用法的人。

十九世紀期間，西方現代主權國家次第興起。主權者制定的法律最具權威，成為司法機關裁判及行政機關施政的主要根據。實證主義的法學（positivistic theories of law）隨之崛起，主張主權者所發的命令、所定的規則是唯一的法律，稱其為實證法（positive law）。法學即在以實證法為對象，分析其概念、整理其規則；使成一邏輯的體系，便利對法律的認識及適用。如此建立的法律體系，自給而自足，不須計較其內容與任何道德觀念或社會上其他現象間的關係。執法者只須機械式通用實證的法律，即可解決一切問題[3]。

十九世紀的西方社會，原是籠罩在十八世紀以來盛行的個人主義思潮之下。當時西方各主權國家為統治目的而制定的法典，均以個人權利與自由的保障為重心，正合社會上一

3 參閱 Wolfgang Friedmann, Legal Theory, (London, Stevens & Sons, 1967), Part Two, Section 4, Positivism and Legal Theory; Edgar Bodenheimer, Jurisprudence - The Philosophy and Method of the law, (Harvard University Press, 1974), Chapter VII, Analytical Positivism。

般人的企求與需要。換言之，實證的法律規律當時的社會生活，的確可以做到自給自足。法學理論與配合實際生活需要的法律，相得益彰。在此種情形下，法律教育自可以傳授或獲得關於實證法律的知識及運用實證法律的技能為專務，而無須顧及其他。如此培訓而得的法律人材，只須善於適用實證的法律，也的確可以為處理社會上的問題，獲致合理而公平的結果；所謂「依據法律的正義」（justice according to law）可以說就是這個意思。這也是法律實證主義所以終十九世紀，獨霸法學界的主要原因[4]。

不過，西方國家的法律教育在當時環境下可以如此，而仿效西方國家法律的亞洲國家，其法律教育即未必也可以如此。中國在建立民國之初，即致力於變法，或「法律之西方化」。民國建立以後，陸續制定的各種法典，均屬以西方個人主義為基礎的立法[5]。將此種立法移植於全然不知西方個人主義為何物的中國土地，求其生根茁壯，事實已證明是何等困難。而我國各大學法律系的法律教育，自彼時起（共產政權

4 參閱馬漢寶〈自然法之現代的意義」，原載《國立臺灣大學法學院社會科學論叢》第十七輯，（民國五十六年）；收入馬漢寶，《西洋法律思想主流之發展》，第四篇，臺大法學叢書（98），（民國八十八年五月）。

5 參閱馬漢寶，〈法律、道德與中國社會的變遷〉，原載《國立臺灣大學法學論叢》第一卷第一期，（民國六十年）；收入為本書第一篇。

統治時期除外）一向亦即以研究此種西方法典內的概念與條文為先務，少問其他。如此培育而得的法律人材，自不易知道西方化法典所以在西方社會成功，實歸因於一項基本的事實：即法典所追求的公平正義在於保障個人切身的權利與自由。因此，無論此等人材擔任何種法律工作，難有助於使國人了解法律與個人的福祉，密切相關。更難有助於個人尊重法律及推行法治。

以上指出實證主義法學其自給自足理論的妥當性，必須依賴某些條件。此等條件不存在，其理論即難令人信服。事實上，在十九世紀與二十世紀交替時期，西方社會發生巨變。個人權利與自由過度伸張的結果，社會產生各種不平的現象。原先絕對個人主義的法律頓感窮於應付，法典機械式的運用也不再能解決日新月異的問題；於是其他法學從二方面起而取代之[6]。一方面是強調法律與社會生活相互關係的社會法學（sociological jurisprudence），另一方面是重建法律理想、追求公平正義之各種新興的自然法理論（natural law theories），與所謂價值取向的法學（value-oriented legal theories）。前者主張應重視法律施行後在社會上的效果與反應，盡力配合社會的變遷，以滿足社會的實際需要。後者多仍立於尊重個人權利與自由的基礎上，試圖藉法律以調和個人與社會的目的

6　參閱 Friedmann, op.cit., pp.289-291.

與需求[7]。

此等法學理論，實際上深深影響西方國家的立法與司法。舉例言之，基於對法律功能的新見解及對社會正義的新觀念，權利應附以義務、個人自由須受團體利益的限制等原則，普遍為歐美各國的法律採納或為其法院作為裁判的依據[8]。

法律教育乃法律制度的一環，為因應社會變遷所帶動的法律變遷，各國的法律教育機構原應急起直追。換言之，不應再專事講解法典內的條文或判例內的原則，而應致力於使學生了解法律與社會實際需要的關係，以及法律規定應符合正義理想的重要。但是法律教育發展的實際情形，因國而異；有始終墨守成規者，有亟圖改進者，有已經改善者[9]。以下，則試就在臺灣我國法律教育的前途，選幾個重點，略述其可走及應走的道路。雖不無個人的淺見，仍以基礎法學的理論為根據。

---

7 參閱 Bodenheimer, op.cit., pp.134-135.

8 參閱 Friedmann, op.cit., pp.399-549.

9 參閱 Legal Education In A Changing World, International Legal Center, (New York, 1975).

參、我國法律教育與基礎法學

國內法律教育的現況，本研討會已有專文介紹。就一般大學法律系的課程而言，仍係以法典與較重要的單行法規為主要內容；而教學的方法則仍以教師的單方講解為基本。雖然，不少教師已在個人授課時兼用個案分析的方法，而多數英美法課程的講授，則一向以個案的分析為主。

在法典制國家，有權機關制定的法律是規律社會生活的主要憑藉。接受法律教育，首先須熟知實際的法律，乃理所當然。尤其在民主法治國家，法律是人民的代表所制定而作為施政與裁判的根據，學法的人亦理應有尊重實證法律的心志；這也是實行法治必要的初步。但是，國家制定的法律，無論其立法過程如何周密，不能完善無缺。法律本貴安定，在社會變遷日益快速的情形下，更難趕上時代。因此，在傳授法律知識時，即應使學生有此了解；同時應培養其批判的能力，並養成其批判的習慣。對現行的法律批判，旨在促進法律的改善。而批判，必須另有較高的標準，據以批判。因此，所謂批判的能力即包括形成批判標準的能力。換言之，此種能力不是單從法律知識的本身可以獲得，而有賴其他學科知識的協助。人文學科、社會科學、哲學乃至自然科學等各方面的知識，均在需要之列。這表示攻讀法律應不厭追求知識，多多益善；所以西方學界稱法律為「博學的學科」（a learned discipline）。

因此，除有關新知的法律專業課程應增修外，並應兼修其他課程。當然這又須視學生有無足夠的時間、精神與能力修讀這些課程，吸取這些知識。這是實際問題，可能不易要求所有的學生做到。此際，教師應該於講解法律條文時，盡量提供相關的知識，輔導學生嘗試批判工作。無論如何，重要的是，應使修習法律的學生，一開始即明瞭法律是一門涵蓋廣博學識的科目。從事實際的法律工作需要廣博的學識，擔負批判改進法律的任務更需要廣博的學識。如自忖無能具備此種條件，則不宜選習法律。我們期盼將來的法律工作者，都是能勝任、稱職的工作者。

按實證主義法學所重視的實證法律，雖為維持現代社會生活所必要而應為一般人所遵守，但法律的內容不切實際而與社會脫節，或法律適用的結果違背公道而造成社會不平，即非不可加以疵議而要求改善。社會法學與重建的自然法學，對此分別均多所闡明。以上強調法律教育應培養學生的批判能力與習慣，即本乎此。有此能力與習慣的學生，日後擔任各種法律工作，足以促動法律不斷的進步，有助於法治的實行，關係重大。

肆、法律教育與品德教育

法律教育培植的人材，其就業範圍雖無限制，而司法官（包括法官與檢察官）與律師二途，無疑是最主要的選擇。司法官與律師所擔任的是排難解紛的工作，都與人的身體、生命與財產有關。必須具有豐足的專業知識與熟練的專業技能，已不須再多說。惟司法官與律師必須具有優良的品德，則有多說的必要。律師為自由職業，其職責是基於與當事人間的決定，追求當事人的利益。司法官是國家公務員，有權責依法辨真偽、明是非，求得爭議之平。前者有其職業法規，後者亦有其服務法規。但存心遵守紀律規範或蓄意規避紀律規範，則事關個人的品德。律師的品德不良，固然妨害法治的推行，而司法官如品德不良，則非但損害司法官個人應有的尊嚴、應受的尊敬，更嚴重影響整個社會與國家。

大學法律教育對於司法官與律師的培訓，一向是以專業知識與技能的傳授為先務，品德教育幾等於無。個人的品德教育通常自幼開始於家庭，經中小學而逐漸歸於無形。一般大學既不設倫理道德的課程，法律系因負責培訓司法官與律師，對品德教育即須特別重視。其途徑可有二：

其一，開設專課，聘請品學出眾的教師，講解司法官與律師工作的性質、各自不同的職業倫理、紀律法規以及其他有關的一般或專門問題；使學生切實明瞭，有志於擔任司法官職務者及有志於執行律師業務者，應先有何種心理上的準備及生計上的考慮。如選擇司法官一途，應知必須守正不阿，不為利動，不為勢屈。

其二，延請司法及律師界公認品德高尚、資歷久深的人士，就個人的經驗或前輩先進的典故、軼事可作為模範者，進行系列的演講，藉圖獲得「身教者從」的效益。

提到身教的效益，亟應多加重視。負責法律教育工作的教員，本身亦為法律教育的成果。為人師表，理應品德無缺，以發揮身教的功能。因此，有志於從事法律教育工作者，亦應在接受教育當初，即先知堪為人師的品德要求。如自忖難以具備這種條件，何若莫為人師，以免法律教育、師道之尊，兩蒙損害。

司法官與律師的職責，同在執行法律，以定紛止爭。其至高的理想，在現今信奉民主、實行法治的國家，可以說就是「保障人權，伸張正義」。這雖是兩句大家已耳熟能詳的話，卻有深厚的理論根據。二十世紀以來，重建的自然法學與各式價值取向的法學，無不以尊重個人基本的權利與自由為出發點，而致力於追求新的社會正義，前已言之。值得探討的是，負責排難解紛、定紛止爭的人，是否確能做到保障人權、伸張正義？這一點，我們認為歸根究底，則屬個人的品德問題。換言之，法律固不能自己實行，理想也不能自己實現，而都須人去做。至於人願不願做，能不能做，常須視其人的道德確信與道德勇氣之有無。於此益可見，培植法律人材，品德教育何其重要。

伍、結語

為有效實現以上改進法律教育的建議，本人完全贊成變更目前一般大學法律教育的制度[10]。亦即不再直接考收高中畢業學生，而改收大學畢業學生。如此，可使修習法律的學生先具有大學或其他科系的專門知識，再集中三年時間攻讀法律課程。此種設計是仿效美國的法學院，使法律系與現存包含其他社會科學科目的所謂法學院，分離而單獨成為法律學院。目前的東吳大學法學院一向單獨成院，並已於去年開始採用招收學士後學生的三年法律課程。本人支持此一變革，主要在於認為其更能適應以上為改進法律教育而建議的做法。

首先，學生均已有一科專門知識為基礎，較易吸收其他知識，符合法律應為博學學科的宗旨。以後從事日益繁重的法律工作，較能勝任與稱職。其次，先已修完四年大學，學

10　參閱李模註2引報告。

生年紀較長，身心比較成熟；對培養批判能力與習慣亦較易成功。尤其對擔任司法官與律師所必備的品德條件，應更能對之有自知之明。如知其重要而自認可為，應較易立志圖強。如知其重要而自認不可及，亦較易及早另作選擇。

法律教育原在培訓從事法律工作的人材，法律教育的改進應即在使法律教育能培訓而得更有學識、更有品德的人材，俾無論從事立法、司法、教學等法律工作時，更能稱職與勝任。惟改進法律教育的途徑，見仁見智。以上僅從基礎法學的觀點，針對法律教育的幾個問題，略述個人的管見，以就教於高明。

最後，補充說明，國立政治大學已於民國八十六年改設單獨的法學院，並兼辦學士後為期三年的法律學程。國立臺灣大學則於民國八十八年八月改設法律學院，並準備招收學士後學生，修讀三年法律課程。其他大學與學院亦多在籌備此種法律學程中。

II

法律制度與社會變遷

第五篇

中國法制史之名稱與研究範圍*

目次

壹、緒言

中央研究院第三屆國際漢學會議於歷史組下，復分一法制史小組，自係以中國法制史為主要對象。茲遵會議主辦人之囑，試就此一領域，略述其所見。

按中國法制史一向為一門獨立的法學，此可從學者的著

* 本文原載《法制與禮俗》，第三屆國際漢學會議論文集歷史組，中央研究院歷史語言研究所刊行（二〇〇二）。

述及大專院校法律學系與研究所開設的必修或選修課程得到證實[1]。不過因為對「法制」的解釋不一，學者對中國法制史的研究範圍乃有不同的看法。甚至認為「法制史」這一名稱也可以有商榷的餘地。因此，本文即擬引據歷史資料及參考學者見解，試就中國法制史之名稱與研究範圍，略事探討，間或表示一點個人的淺見，以就教於學界。

貳、中國法制史之名稱

在字面上，中國法制史指對中國法制作歷史的探討，或是對中國法制的歷史從事研究，學者當已有共識。不過以上提到，由於對「法制」這一關鍵名辭的解釋不一，學者對於中國法制史的研究範圍乃有不同的看法。因此，中國法制史之研究範圍與中國法制史之名稱可說關係密切，甚至不可分。按研究中國法制史的學者在著作中，每逢提到「法制」，常自然會以「法律」、「制度」等名辭來替代說明。即以法律釋法，以制度釋制，而一般讀者似亦均能接受。可是，中

1 以「中國法制史」為名稱著書者，例如：程樹德、陳顧遠、戴炎輝、林咏榮、朱方、李甲孚、雷祿慶諸先生（參本文參考書目）。以「中國法制史」為名稱開設課程之學校，例如國立臺灣大學、國立政治大學、國立中興大學、國立中正大學、私立東吳大學、私立輔仁大學、私立東海大學、私立中國文化大學、私立世新大學、私立銘傳大學、國防管理學院等（參各校課程表）。

國法制史既是以中國古代或過去的「法制」為對象，古代所謂「法」與通用的「法律」關係如何？古代所謂「制」與通用的「制度」關係又如何？不失為一值得思考的問題。現在即從「法制」這一名辭或者「法」與「制」這兩個關鍵的單字開始討論，主要目的在求了解「法」與「法律」、「制」與「制度」在古代文字裡的原義與相互關係。如此，或可使法制史之對象更易明瞭。同時並擬藉此機會，與學界商榷「法」與「法律」在現代文字中使用之習慣，或亦不無意義。

一、法與法律

1. 古代文字中之法與法律

「法」、「律」及「法律」，其來源在古代典籍內均不止一處，本文無法周全，僅能擇其文義比較明確者作為探討之依據。「法」之古體為「灋」[2]，《說文》謂：「灋，刑也，平之如水，從水，廌所以觸不直者去之，從廌去。」可知「法」與「刑」同義[3]，求能得其平如水，而直與不直先已存在，由

2「灋」為「法」之古體，原為金文，見於西周早期的「大盂鼎銘」，晚期的「克鼎銘」等。在戰國甚至秦漢時期，「法」字古體一直保留著。1975 年出土的睡虎地秦簡亦作古體。張晉藩總主編、蒲堅主編，《中國法制通史》（北京：法律出版社，1998）第一卷，頁 76。

3《尚書・呂刑》有謂：「苗民弗用靈，制以刑，惟作五虐之刑曰法。」

神獸辨明之。《爾雅・釋詁》謂：「法，常也。」合以上二義，借用現代法學的術語，似可謂法乃處理犯罪刑罰之事，有理想與目的，在求公平與正義，其規則宜長久而不變。另一方面，集古代法家學說大成的韓非子說過：「法者，編著於圖籍，設之於官府，而布之於百姓者也」(〈難三篇〉)，又謂：「法與時轉則治」(〈心度篇〉)。依現代法學的觀點，這顯然是指法為政府制定而公布的成文法，且宜與時俱變。據此，法可以是抽象的、普遍的而具有理想的，也可以是具體的、實際的而不斷進化的。

不過，戰國以前稱「刑」不稱「法」。就「法」可指具體、實在的刑事規則而言，最早的例證為戰國時魏人李悝集諸國刑典而成之《法經》[4]。商鞅受之以相秦，嗣後改「法」為「律」[5]，首見於《秦律》，可謂開國家制定刑事法典之先河。「律」之名亦為後代歷朝刑典所沿用，如《漢律》、《唐

---

4 《晉書・刑法志》：「悝撰次諸國法，著法經。」《唐律疏議》：「魏文侯師於李悝，集諸國刑典，造法經六篇。」惟《法經》早已失傳。

5 大陸學者祝總斌考證認為，商鞅「改法為律」之說並不可信，因為從公元前四世紀中晚期的商鞅著作與重要的兵家、儒家著作以及記載保存商鞅變法可靠史實的後代著作中，全都找不到法律意義上的「律」字。稍早只有音律、紀律一類之「律」，雖與法律之「律」有淵源關係，尚難謂即是法律之「律」。作為成文法上的「律」字，應在以後公元前 260 年左右始初用。祝總斌〈關於我國古代的「改法為律」問題〉，《北京大學學報・哲學社會科學版》2(1992)。

律》以迄《清律》均是。

「律」，《爾雅・釋詁》云：「常也」，與「法」同義。《說文》並謂：「律，均布也。段注：律者所以範天下之不一而歸於一，故曰均布」，《樂汁圖徵》曰：「均者，六律調五聲之均也，又申之以布也者。」是「律」原亦用於音律，音律在求嚴格、精確、劃一。由此轉借為治國之刑與法，似非偶然[6]。又《管子》一書曾記載：「夫法者，所以興功懼暴也，律者所以定分止爭也，令者，所以令人知事也。法律政令者，吏民規矩繩墨也。」據此亦可知，法與律之功能，雖可分別言之，均在為官民樹立客觀的行為規範，而「法」、「律」二字連用，此處亦為最早之一例[7]。

綜上所述，古代典籍中，「法」、「律」、「法律」，經過相當變遷後，一般言之，已經成為可以相互通用的文字。

2. 現代文字中之法與法律

現代學界每用「法」以表示規範之具有抽象而普遍的性質者，用「法律」以表示規範之具有具體而實際的性質者。如此區別固非不能在歷史文獻中找到依據，已如上述。不過事實上，此種用法與學者翻譯歐洲法律文字成中文時極有關

6 張晉藩總主編、蒲堅主編，《中國法制通史》第一卷，頁 81-82。

7 《管子》七臣七主；轉引自程樹德，《中國法制史》（上海：華通書局，1931），頁 2-3。

係。按歐洲各種語系語言中，有兩組單字代表法或法律。一組主要為jus（拉丁文）、Recht（德文）、droit（法文）等，均含有正義與公平之義。另一組主要為lex（拉丁文）、Gesetz（德文）、loi（法文）等，則係指具體而實際的法律規則。遇到屬於前一組之jus 、Recht、droit等字時，學者常即譯為「法」，遇到屬於後一組之lex、Gesetz、loi等字時，即譯為「法律」。不過，如此區別「法」與「法律」之用法可說已無必要。這除可從上述「法」與「法律」用法之歷史發展得知外，現今的日常習慣，亦足以證明。

例如「法院」，自非因用「法」字而指該院只講公平正義之法而不顧實際的法律。而「法律學系」，亦非因用「法律」而指此系只教實際的法律而不理有關公平正義之法。再說，立法、司法、守法、違法、民法、刑法等等之「法」，又豈能不指實際的法律？因此，法與法律相互通用，現在應無異議，全視使用場合而定何者為宜。至於學術上的用語，可以商榷之處亦多。例如法理學，係指「法理」之學。「法理」本應連用，自可稱法理學。但法哲學，則非指「法哲」之學，乃指法之「哲學」，即對法律作哲學的探討或以哲學理論與方法探討法律。故「哲學」二字應連用，如果「法哲」二字連用，則有別解，蓋「法哲」慣指法界之哲人，即法界賢智之士。因此，法哲學似不如稱法律哲學。後者一則可以明顯表示為法律之哲學，二則法律與哲學各為兩個字，連用後，讀音相當，姿態亦均衡，在法律之美學上亦不無可取之處。

由此，可推及眾多法學上之名辭或概念。亦即為求名辭之結構對稱及音調和諧，何妨以法律概念、法律意識、法律價值等等，代替法概念、法意識、法價值等等。後一類的名辭似為日本學界所多用，影響頗為深遠。不過，中國文字由國人自己決定如何使用，應無不當。質諸高明，或亦以為然。

二、制與制度

「制」字，《說文》謂：「制，裁也。」宋・毛晁《增修互註禮部韻略》又謂：「制，正也。」學者認為均具裁量設範，使下有所正之意[8]。進而，「制」又與「令」同釋。「令」為天子之言[9]，又稱「制書」，謂為制度之命也[10]。據此，「制」可說即「制度」，古時設政施治，皆出諸君命君令，故制度可以廣及一切典謨章則[11]。

以上對於「法」與「制」之簡略討論或可為學者慣用「法律」、「制度」以說明「法制」，提供字源上的一些參據。不

8 林咏榮，《中國法制史》（自刊，1989），頁 4（考一）。

9 陳顧遠，《中國法制史》（臺北：臺灣商務印書館，1964），頁 2 及註 5。

10 陳顧遠，《中國法制史》，頁 2。

11 同上註 10。

過，「法制」二字連用，在古書中並非少見。是否均能解為「法律制度」，則不無疑義與爭議。例如《禮記・月令》中之「命有司，修法制，繕囹圄」，《國語》中之「是棄先王之法制」，《左傳》〈文六年〉中之「予之法制，告之訓典」等，其中所謂「法制」或指法律制度，或所指遠較法律制度為廣。此外，學者亦有謂「法」與「制」互訓而可以通用，並舉例為證。如《孟子》云：「徒善不足以為政，徒法不能以自行」，其所謂「法」含有「制」之義。又如秦始皇以「命為制、令為詔」，其所謂「制」，則屬「法」之範疇。換言之，「法」與「制」雖各有界限，兩者關係可說並不清楚[12]。由此，可以進而討論中國法制史之研究範圍。

參、中國法制史之研究範圍

中國法制史之「法制」一辭，雖可指「法律制度」，其涵義為何，學者一向有不同的見解。或曰「法律制度」乃指「法律的制度」，即「法律制度」乃為一事。古代的「法」既原指「刑」，亦即古代的法律既指犯罪刑罰之規則，則中國法制史即是中國刑事法律制度的歷史，只對中國過去具體的刑律內容及與訟獄有關的制度作歷史的研究。此常稱為狹義的中國

12　林咏榮，《中國法制史》（自刊，1989），頁1。

法制史，而為不少學者所遵行[13]。或曰「法制」或「法律制度」乃指「法律」與「制度」二事，則中國法制史之研究兼指對狹義的中國法律制度以及中國其他典章、文物、教化制度作歷史的研究。此常稱為廣義的中國法制史，亦有不少學者採此見解[14]。

因此，無論狹義的或廣義的中國法制史，中國古來的制度凡見於刑律條文或相關規則中者，可說均為中國法制史之主要內容。惟歷代之刑事法制，成文與不成文俱在，且名目不一，變化繁多。學者認為成文之中，律、令、典較為明確。此外，有敕、格、式，並有科、比、例等[15]。凡此雖為制之屬於訟獄者，其中多有現代法學所謂民事問題、商事問題者。既入於罪刑之列，自屬研究之對象。如從廣義之說，中國法制史之範圍，於刑制之外，並及於政府制度、文官制度、賦稅制度等。由此可知，中國法制史一向的研究對象數量既多，內容又複雜，可說是研究這門學問之一大難題。

學者之中國法制史著作，其屬於通史性質者，雖力求詳盡，而終難周全。因此，中國法制各面之專題研究，包括實

13 例如：程樹德，《中國法制史》；朱方，《中國法制史》；雷祿慶，《中國法制史》等。

14 例如：丁元普，《中國法制史》；陳顧遠，《中國法制史》；林咏榮，《中國法制史》等。

15 陳顧遠，《中國法制史》，頁 96、113、124。

際的裁判程序，均值得多加致力，藉以鞏固中國法制史研究之基礎。以下擬分二點，進一步討論此門學問之研究範圍。

一、制度與思想之關係

任何制度，其所以產生、所以存在、所以發展，可說均有某種思想或理論為其後盾，而思想也因制度而獲得落實，兩者乃屬相輔相成。法制與思想之關係亦不例外。研究中國法制，當知其思想上的根據。如此，法制不致被認為是偶然之事。探討思想，亦須知其對制度的影響。否則，容易淪為空虛之談[16]。中國法制與思想之關係，可自西周時期開始。

西周社會實行封建制度及宗法制度，實際上係依靠「禮」與「刑」兩種規則得以維持。當時貴族與平民階級分明，貴族生活依繁多的「禮」之規則，而種種的「刑」罰則專用以規範平民。換言之，當時的社會生活規則稱「禮」與「刑」而尚無「法」之名，因此也無有關「法」之思想。但不是沒有關於「禮」與「刑」的見解與主張。舉最顯著的例子，如因為貴賤有別，故《禮記・曲禮》曰：「禮不下庶人，刑不上大夫。」又如《國語・魯語》云：「大刑用甲兵，其次用斧鉞，中刑用刀鋸，其次用鑽笮，薄刑用鞭扑，以威民也。」

16 徐道鄰，《中國法制史論略》（臺北：正中書局，1953），頁 1，敘言。

即是說「刑」在「威民」，且為免減少威嚇的效能，故刑當時並不公開使平民皆知。這可從春秋末期，晉叔向反對鄭子產鑄刑書，及孔子反對晉趙鞅鑄范宣子所作刑書於鼎的言論，而得到證明[17]。

以上二例皆是有關「禮」與「刑」的見解與主張，為分別支持「禮」與「刑」兩種制度之思想上的依據。同時「禮」則與「刑」罰之施行亦為實現有關「禮」與「刑」的思想之憑證。換言之，要研究中國西周時期之「禮」與「刑」或當時實質上的「法制」，即非研究有關「禮」與「刑」的見解與主張或當時兩種制度之實質的「思想」背景，不足以竟其功。

中國法制與思想不可分，最重要的實例應屬歷朝法制與儒家思想之關係。按自漢武帝獨尊儒學以後之數千年間，中國法制可說一直受儒家思想之支配，已為國人所熟知。孔子尊崇周制，其所創始之儒家思想強調倫常與德治，而為「禮」提供了前所未有的理論基礎。儒家學者為官後，亦多參與制定法律之工作，因此中國過去的法律制度充滿「以禮制法」或「以刑輔禮」的精神。最足代表此種「法律禮教化的法典」則為《唐律》[18]。《唐律》之基本原則之一，即是個人在家族與

17 馬漢寶，〈思想、法律與社會變遷：歷史觀點下的中國經驗〉，《法律與中國社會之變遷》（國立臺灣大學法學叢書〔99〕，1999），頁175-178。

18 馬漢寶，〈法律、道德與中國社會的變遷〉，《法律與中國社會之變

社會中之身分地位為犯罪與否以及量刑輕重之決定因素。從而在家族關係中，尊長加害卑幼身體，或者不罰或者減刑。反之，卑幼加害尊長身體，必受刑罰且常加重其刑。因為這與維繫倫常有關。《唐律》之另一基本原則則為孝道之維護，因為這是德治之本。任何直接間接危害孝道之行為，均受刑罰制裁。例如居父母喪、嫁娶或生子，皆受徒刑。蓋居喪應盡哀，自不得有喜樂之事。父母或祖父母在，子孫別籍者亦受身體之刑[19]。以上史料可以說明，研究《唐律》及其後各朝法制，不能不了解儒家思想之影響。

至於司法官吏根據禮教或儒家經典審判案件，則以漢朝董仲舒依《春秋公羊傳》決事之例最著[20]。春秋決獄表示儒家經書權威較高，可以主導律令之引用及解釋。足見研究漢室如何斷獄，亦非深入其思想背景不可。

二、史料之蒐集與運用

中國法制史既主要在研究中國古代或過去的法律制度，實際上不能不依靠有關的歷史資料，包括文書記載、歷史檔案、地下文物等。過去學者根據殷墟之史料，一般均以殷代

遷》，頁 3-5。

19　馬漢寶，〈法律、道德與中國社會的變遷〉，頁 5-6。

20　徐道鄰，《中國法制史論略》（臺北：正中書局，1953），頁 12-13。

為中國歷史之開始。中國法制之起源自亦不能例外。1975 年在湖北雲夢縣睡虎地，曾發現《秦律十八種》、《效律》、《秦律雜抄》、《法律答問》、《封珍式》等眾多秦之法律文書。經過考證，這些文書均不見於已有的文獻，而確屬珍貴史料。根據這些發現，學者認為秦之法律決不止於商鞅繼《法經》六篇而增訂的諸法。漢魏以來，不少法令篇目早已見於《秦律十八種》。學者並指出，這些秦律當係商鞅變法以後，秦始皇統一中國以前的法律。即均在商鞅之後陸續增訂而成，以適應秦封建制度之需要[21]。

另一項法制史研究之結論，亦與考古發掘的資料密切相關。大陸考古學家在河南孟津小潘溝龍山文化遺址中，發現甚多人類骨架。根據此類骨架，學者認為可以證實商周兩代確有斬首、腰斬、活埋與刖刑等刑罰。在研究結果之報告中，學者指出，上述認定之過程，首先係用放射性碳素測定遺址年代大約在公元前 2625 至 2005 年之間。現在一般所謂屬於夏文化之二里頭文化，即是從該文化之基礎上發展而來。其次，在孟津小潘溝遺址發現之九座墓葬中，死者之骨架經仔細勘察，可以概括表示這些商周時期之人所受的刑罰有斬首、

21 韓國磐，《中國古代法制史研究》（北京：人民出版社，1997），頁 99-101、115、117、121。

腰斬、活埋與刖刑[22]。

依據文獻記載，苗民所用之五刑為劓、刵、椓、黥與大辟，西周之五刑為墨、劓、剕、宮與大辟。以上所說河南龍山文化墓葬資料中所見的刑罰，只有斬首、腰斬、活埋與刖刑，分屬於大辟與刖刑。是否表示中國法律產生之初期，只有大辟與刖刑而無墨、劓、刵、宮等刑？學者認為未必如此，因為墨刑、劓刑、刵刑、宮刑，都是在人之皮肉或軟組織上的處刑。人死後，皮肉或軟組織腐爛、痕跡隨之消失，不可能留在遺骨中。不像斬首、腰斬與刖刑均可從骨骼上察知，或捆綁活埋可從葬式與骨骼姿態推知。換言之，由此可以認定中國初期刑罰中之所謂五刑，確曾實際存在而施行[23]。

上述依據考古而得之地下資料，以科學方法探討古代刑制之概況，值得注意與重視。換言之，史料之發現，尤其出土文物之整理，足以開拓研究之範圍，既可證實原有研究之成果，亦可推翻原有研究之成果。

---

22 張晉藩總主編、蒲堅主編，《中國法制通史》第一卷，頁 27-33。按考古研究結果之報告附有骨架圖形，顯示有的身首分離，有的腹以上或腰以下骨骼全無，有的缺左足或右足，有的手腳骨交叉，作捆綁狀。報告認為，凡此徵狀足以證明商周兩代確有斬首、腰斬、活埋與刖刑等刑罰。

23 張晉藩總主編、蒲堅主編，《中國法制通史》第一卷，頁 35-36。

肆、中國法制史名稱與研究範圍之商榷

中國法制史有廣狹二義，主要是因為對於「法」、「制」二字之解釋不同。不過，無論採狹義而認為法制以刑法制度為限，或採廣義而認為法制兼指刑法制度及其他制度，「法制」在字面上，均不出「法律」、「制度」或「法律與制度」之範圍。以上曾經強調任何制度，包括法律制度在內，莫不有思想上的基礎，以為其生存、發展之後盾。換言之，制度之興衰與思想之隆替，相互影響。事實上，這一點已在中國法制之歷史上充分顯示。

環顧中國法制史之著作，不論是通史、斷代史、專題史，可說無一不承認中國過去的法制，自《漢律》以迄《清律》，主要受儒家思想之支配。著作中就兩者之關係，或簡或詳，均有所闡述。這就是肯定，研究中國法制史不能不研究中國法制背後的儒家思想，否則即無以知法制之所以然。基於此，法制史實應指法制與思想之歷史。可是，「法制」能否包括「思想」？「法制史」能否兼指法律思想史？均仍為值得探討的問題。

學者對於中國法律思想之歷史，論著不多。大專院校法律學系及研究所亦間有中國法律思想史專題課程之開設[24]。但

24 以「中國法律思想史」為名稱之著作，有楊鴻烈之《中國法律思想史》（臺北：臺灣商務印書館，1978）。不過多數中國法制史之著作

法律制度與法律思想並論或同時研究，對兩種學問而言，均應有所得而無所失。依據上述各節討論，「法律」與「法」，其涵義經過變遷後，已可通用。法律既已用於「法律制度」以替代「法制」，又已用於「法律思想」，何妨考慮用於「法律史」使兼指「法律制度史」與「法律思想史」？如此，中國法制史即不妨改稱「中國法律史」。此一建議，並非無類似的意見及類似的名稱可資參考[25]。

比較詳明的一例，為楊鴻烈氏著《中國法律發達史》。氏於該著作〈導言〉中有謂：「這書是以三項特殊的研究為主

均或簡或詳，對法律思想有所論述。至於大專院校則每於法律研究所開設中國法律思想史專題研究課程，如國立臺灣大學、國立中興大學、國防管理學院等。黃源盛，〈臺灣的中國法制史教育及其問題：中國法制史課程結構的回顧及現況〉，《中國法制史課程教學研討會論文集》（臺北：國立政治大學法律學系，中國法制史學會，1993），頁 7-9。

25 在名稱方面，例如：楊鴻烈，《中國法律發達史》（臺北：臺灣商務印書館，1967），頁 8-10。秦尚志，《中國法制及法律思想史講話》（臺北：水牛出版社，1966），頁 1，小引。在意見方面，例如大陸學者張國華，曾謂「在法律史上我們有個習以為常的傳統，就是將思想史和制度史截然分開 …… 即使是聯繫很密切的問題，也各說各的。…… 近年來，不少學者已感到 …… 只談靜態，不談動態，只談論點，不談實踐，殊不合理。…… 不應當把思想史和法制史變成兩個孤立的世襲領地。因此，有人索性主張將二者結合起來改寫成法律史或法律文化史 …… 」。張國華，〈前言〉，《中國法律思想史新編》，收入《北大名家名著文叢》（北京：北京大學出版社，1998）。

幹：第一、沿革的研究。這項即以研究中國法律演進的歷史為目的。…… 第二、系統的研究。這項以研究中國法律的原理為目的。…… 第三、法理的研究。這項以研究中國歷代法家的思想為目的。」楊著為研究中國過去的法律而擬定之範圍與目的，誠然如其自己所說，比普通「法律史」為廣[26]。但仍不失為研究中國法制史名稱與範圍之極有價值的參考。不過，中國法律之歷史，或非均為「發達」之歷史，亦有可謂「退化」之遺跡。因此，如直稱《中國法律史》，似較平實而概括。

以上建議，除影響法制史與思想史之研究外，復牽涉現行學科分類之體制，學習者之負擔，相關學術團體之組織等等，自非易舉，姑且提出，以就教於高明。

伍、結語

中國法制史之研究範圍雖以「法」、「制」或「法律」與「制度」為界限，由於對「法」與「制」或「法律」與「制度」之見解不一，學者乃有不同的看法。所謂狹義的中國法制史係以研究過去的刑律與訟獄之事為主，所謂廣義的中國

26 楊鴻烈，《中國法律發達史》（臺北：臺灣商務印書館，1967），頁8-10。

法制史則除過去的刑律與訟獄之事外，並對其他典章制度一併加以研究。兩者之對象固有差別，而基本上均必須依靠歷史資料。

歷史資料包括文書記載、歷史檔案、地下文物等等。以往，時期愈早，信史愈少，有礙研究之進展。晚近出土的文物日多，鑑定方法亦日益科學化，可信的史料隨之增加，大有助於認識早期法制之究竟。因此，法制史學與歷史學以及考古學彼此間關係之密切，已非同往昔，足以促使歷史學家、考古學家與治法制史的學者，多加合作。如此，非但可以開拓彼此的研究領域與興趣，亦可以造就彼此前所未有的研究成果。

中國法制史之研究係以中國過去的法制或法律制度為對象，學界已有共識。惟制度莫不有思想為其後盾，以支持其存在及發展。中國法律制度之發展本身即是最明顯之一例。自漢以迄清，二千年間法制之內容及實施，無不受儒家思想之主導。因此，中國法制史，實質上，乃是中國法律制度及中國法律思想之歷史。研究中國過去的法制，必須研究儒家之思想始能知其所以然。為此，建議不妨考慮以「中國法律史」代替「中國法制史」，使「法律」一辭可以兼顧「法律制度」與「法律思想」。

按歷史本來及於近代的事實，中國法制史之研究對象自然包括清季末葉與民國初年之法制。不過，凡此近代法律制度之研究，多與法律之西化或法律之繼受不可分。繼受外來制度之成敗，固端視能否接受外來制度之思想淵源與觀念基礎而定[27]。這一點也足以表示研究法制與研究其思想背景，關係何等密切。

27 馬漢寶，〈個人在中國傳統與現代法律上之地位〉，《法律與中國社會之變遷》，頁 56。

第六篇

美國憲法與中華民國憲法之制定及發展*

目次

壹、緒言

美國憲法是成文憲法最早的模範，以後各國的成文憲法，在形式或內容上，可說多少都受美國憲法之影響。我國憲法與美國憲法有無關係？如有，是在那些方面？亦為一值得研

* 本文原載《憲政時代季刊》，第十一卷第三期（民國七十五年十一月），中國憲法學會刊行。

究的問題。現在即擬就美國憲法對我國憲法之制定及發展，二方面可能有的影響，加以探討。在談美國憲法與我國憲法制定之關係時，擬以事實為根據，而輔以說明；在談美國憲法與我國憲法發展之關係時，則擬以理論為基礎，而佐以實例。

貳、美國憲法與中華民國憲法之制定

現行中華民國憲法之制定與美國憲法之關係，可說開始於我國制憲運動之初。緣在十九世紀之末，積弱的滿清政府震於日本採行西洋憲政而國力日強，頗思仿效。不過行動遲緩，最後，先有光緒皇帝宣布憲法大綱二十三項，繼有宣統皇帝宣示十九信條，作為立即生效的臨時憲法。但為時太晚， 國父孫中山先生領導之國民革命，已勢不可遏。次年，滿清即被推翻；從那時起，制憲之運動即與美國憲法發生關係[1]。茲分述其間重要發展如次：

一、臨時政府組織大綱

首先是辛亥年（一九一一年）九月二十一日，江蘇都督程德全與浙江都督湯壽潛，曾聯電上海都督程其美，倡議已

1 本文以下有關史實部份，均請參閱謝振民編著《中華民國立法史》第二編總論，第四五頁以下（正中書局印行，中華民國三十七年一月滬一版）。

宣布獨立之其他各省，公舉代表到上海集會；商議建立聯合機關。當時所用之電文，有謂：「自武漢起義，各省響應，共和政治已為全國輿論所公認。然必事有所取則功乃易於觀成。美利堅合眾國之制，當為吾國他日之模範。美國之建國，其初各部頗起爭端，外揭合眾之幟，內伏渙散之機，其所以苦戰八年，收最後之成功者，賴十三州會議總機關，有統一進行，維持秩序之力也。考其第一次第二次會議，均僅以襄助各州會議為宗旨；至第三次會議，始能確定國會，長治久安，是亦歷史上必經之階段。吾國上海一埠，為中外耳目所寄，又為交通便利，不受兵禍之地，急宜仿照美國第一次會議方法，於上海設立臨時會議機關，磋商對內對外妥善方法，以期保疆土之統一，復人道之和平。務請各省舉派代表，迅即蒞滬集議。」[2]由此可知，當年建立民國之初步努力，其方向全以美國建國經驗為藍本。

不久，即有十省代表先後在上海及武昌開會；其結果即議決「臨時政府組織大綱」，計四章二十一條。此一大綱雖為臨時性質，旋即為「臨時約法」所取代；但大綱之精神與內容，與美國憲法之原來條文，有極為相似之處。例如，政府組織採取嚴格總統制，不設國務總理，無明文規定。不過，雖採美國總統制，卻無副總統之設置。當時對此一點以及不

2　上註1同處，第四五頁至四六頁。

規定人民權利義務一點，即有人批評。此或係因大綱有效期間甚短，其第二十條明文規定，臨時政府成立後六個月內召集國會；屆時自當另定完整憲法。但無論如何，此一制憲之初步，以美國憲法為模範，應無異議。

二、臨時約法

臨時政府在南京成立後，當選為首任臨時大總統者，即 孫中山先生。不久清帝退位， 中山先生為求南北統一，乃辭臨時總統職；推薦清廷任為內閣總理大臣之袁世凱繼任。袁氏當選後，依臨時政府組織大綱而成立之參議院，立即制定「臨時約法」，取代上述大綱。

臨時約法捨總統制而改採責任內閣制；或謂旨在抑制袁世凱，蓋知袁氏個人極具政治野心，行使美國式總統之大權，難加約束。惟改採責任內閣制之公開理由，則如當時參議員谷鍾秀所云：「各省聯合之始，實有類於美利堅十三州之聯合，因其自然之勢，宜建為聯邦國家，故採美國之總統制。自臨時政府成立後，感於南北統一之必要，宜建為單一國家，如法蘭西之集權政府，故採法之內閣制。」[3]所謂畏懼袁氏個人政治野心而捨棄美式總統制，改採責任內閣制，此種幕後原因，姑不具論；但美國之總統制卻從此未再為我國制憲者所

3 上註1同處，第四九頁。

深加考慮，則屬事實。在另一方面，倘使　孫中山先生不辭臨時大總統，繼續擔任是職，中華民國或許得以維持美國式總統制度，亦未可知。如今思之，不失為值得一提的問題。至於谷鍾秀所言，似謂欲組聯邦（省）國家，宜採總統制，而欲組單一國家，則宜採責任內閣制；後者集權，前者分權；自亦非全合邏輯之論。

從臨時約法到制定正式憲法，其間過程至為複雜，波折亦多。只就與美國憲法有關之處而言，亦不止一端；試分舉如後：

三、天壇憲法，民國十二年、民國十四年中華民國憲法草案

民國二年依臨時約法而草成之憲法，即所謂「天壇憲法」，亦與美國憲法有關。即國會採美國制度，由參議院、眾議院兩院構成，與「臨時政府組織大綱」以來，一院制之參議院不同。其後，民國十二年以及民國十四年之中華民國憲法草案，均從天壇憲法；規定國會採兩院制。

四、省憲

我國疆域遼闊，交通阻隔，各省情勢復不相同；原非無適用聯邦（省）制之基礎。且當年南北紛爭不已，國會解散，

法統分裂，局勢極不安定；各省聯省自治之議，乃甚囂塵上。起初江蘇都督等倡議各省公舉代表集議上海之電文，即曾明言：「美利堅合眾國之制，當為吾國他日之模範」，更對各省自制憲法，推行聯省自治運動，頗有影響。事實上，湖南、四川、浙江、廣東等省，均有省憲草案之完成；且有公布施行者，如湖南。此外，雲南、廣西、貴州、陝西、江蘇、江西、湖北等省，亦均有實際行動。民國十年時，曾由湖南軍人領袖趙恆惕通電各省，主張開全國國民大會於漢口或其他共同贊成之地點，草定省憲，然後再仿美國之例，制定中華民國憲法；其以美國制憲經驗為依歸至明。但省憲運動，不久由於中央及地方仍多表反對，未成勢力即歸沉寂。

五、五權憲法

北伐成功後，制定永久憲法之努力，則以　孫中山先生三民主義及五權分立之政治理論為基礎。歷盡艱辛，卒底於成。就五權憲法與美國憲法之關係而論，可得而言者，亦有多端；擇其大者，分述於次：

1. 或謂三民主義本身與美國政治理論不無關係。美國學者 Holcome 曾謂，　孫中山先生民族、民權與民生三主義，其主要來源乃美國林肯總統之名言民有、民治與民享（of the

people, by the people and for the people)[4]。不過，三民主義原係　孫中山先生集中西思想與制度，融會貫通而創設，自亦包括歐洲與美國之思想與制度在內。自觀念之形成上言，或可說三民主義曾甚受林肯總統名言之影響；至在內容上，三民主義顯然不可與美國民有、民治與民享之說相提並論。

2. 我國現行憲法第一條明文規定：「中華民國基於三民主義，為民有民治民享之民主共和國」，其中民有民治民享三詞，則顯係直接引用上述林肯總統之言。其故，吾人皆知乃當初制憲時，政治妥協之結果；因此不免受學者之批評，如謝瀛洲氏即謂：「以外國人所倡之口號，冠於國體之上，已非光榮……引為憾事。」[5]

3. 我國現行憲法與美國憲法同，對保障人民自由權利之規定，不附條件。但我國憲法另於第二十三條規定，在某些情況下，許以法律加以限制；而根據美國之判例法，人民之自由與權利亦非不能限制[6]。

4. 美國創設之司法審查制度（judicial review）為我國司

---

4 參閱 Arthur N. Holcombe, The Chinese Revolution: A Phase in the Regeneration of Power (Cambridge: Harvard University Press, 1930), pp.134-135.

5 見謝瀛洲著《中華民國憲法論》，第二六頁至二七頁（中華民國四十三年三月六版增訂本）。

6 可參閱 Chaplinsky v. New Hampshire, 315 U.S. 568 (1942); U.S. v. 0' Brien 301 U.S. 367 (1968); New York v. Ferber, 458 U.S. (1982) 等。

法院大法官會議解釋憲法制度之淵源。司法審查制度之基礎，原在承認憲法為國家根本大法，且具有最高權威；不容法律或命令有所違背，違者即失效力。不過，美國司法審查係由普通法院於審判案件時，附帶審查適用之法律有無違憲；而我國則另設解釋憲法機關——即大法官會議——專司其事。

5. 我國現行憲法第八條對人民身體自由所設之保障制度[7]，顯係採用美國憲法第一條第九項第二款所規定之人身保護令狀（writ of habeas corpus）。

6. 我國現行憲法第二十四條明文規定：「凡公務員違法侵害人民之自由或權利者，除依法律受懲戒外，應負刑事及民事責任。被害人民就其所受損害，並得依法律請求國家賠償」。其中有關國家賠償之制度，除師法歐洲國家之成

---

7 第八條全文：人民身體之自由應予保障，除現行犯之逮捕由法律另定外，非經司法或警察機關依法定程序，不得逮捕拘禁。非由法院依法定程序，不得審問處罰。非依法定程序之逮捕、拘禁、審問、處罰，得拒絕之。人民因犯罪嫌疑被逮捕拘禁時，其逮捕拘禁機關應將逮捕拘禁原因，以書面告知本人及其本人指定之親友，並至遲於二十四小時內移送該管法院審問。本人或他人亦得聲請該管法院，於二十四小時內向逮捕之機關提審。法院對於前項聲請，不得拒絕並不得先令逮捕拘禁之機關查覆。逮捕拘禁之機關，對於法院之提審，不得拒絕或遲延。

人民遭受任何機關非法逮捕拘禁時，其本人或他人得向法院聲請追究，法院不得拒絕，並應於二十四小時內向逮捕拘禁之機關追究，依法處理。

規外，與英美法上「僱用人代受僱人行為負責」（respondeat superior）之原則，亦有關係。

以上我國憲法有關人民自由權利之規定，尤其第八條及第二十四條所根據之制度，容於以下美國憲法與我國憲法之發展一節內，再詳其與美國憲法之關係。

參、美國憲法與中華民國憲法之發展

一國之成文憲法，無論規定如何詳盡，難以應付一切可能發生之問題；且憲法為國家根本大法，亦不宜時常修改；因此，不能不依解釋與適用，藉發展憲法之「法」（law of the constitution），以達成補充憲法之目的。換言之，一國之憲「法」，並非盡在成文憲法之本身。

不過，解釋與適用憲法，必須有所依據。此所謂依據，常即憲法之思想或理論基礎；亦即憲法之指導原則。一國憲法原以有思想基礎或指導原則為貴；而此思想基礎或指導原則又貴能為該國大多數人民所尊重並遵行。有此基礎與原則，則據以發展之憲法之「法」，乃能與憲法本身維持一體。

按我國現行憲法，乃係以　國父孫中山先生之遺教，尤其是三民主義，為其思想或理論基礎；憲法前言及第一條規定至明。惟我國憲法之制定，實際上則曾分採歐陸及英美各國之成規，而各國之成規原有其自己的體系以及自己的解釋與適用方法。同時，在我國，參與制定憲法、解釋憲法以及適用憲法者，亦多曾分受各國之法律教育與訓練，而各自熟悉其受教國家之法律體系與方法。因此，在藉解釋與適用憲法而發展我國憲法之「法」時，凡遇與外國制度有關之處，如何一方面以我國現行憲法之思想基礎為依據，而一方面又能善用外國制度之義理與方法，乃一甚不易為之事。

雖然，為使來自外國之成規與制度能適應我國憲政之需要，解釋與適用有關之條文時，自應以我國憲法之指導原則為最後依據；而所得之結果，並應由我國之專業學者從事闡述析論，使其自成體系。基於此，我國憲法與美國憲法有關之處，理應亦遵循是項規矩，加以解釋與適用；期能有助於妥善發展我國憲法之「法」。

不過，宜加說明者，美國憲法既是一件政治文書（political document）亦是一件法律文書（legal document）；後者的成分更重於前者。尤其是關於人民自由與權利之規定，最能表明美國憲法乃其國家至高的法律（supreme law of the land），而非僅政治性或勸導性的指示。換言之，美國憲法上的規定，法院可以直接對人民、官員及政府機構一體加以適用。

至於我國現行憲法，亦非僅為一政治性的文書，而並為一法律性的文書。因為其中，除規定政府組織及宣示國家政策外，亦有權威至高的法律條文，可資法院執行；前舉之第八條及第二十四條規定，即為明證。茲再以此二條規定為例，闡明美國憲法與我國憲法發展之關係。

1. 我國憲法第八條對於保障人民之身體自由，顯係採用美國憲法行之已久的人身保護令狀，前已言之。此一制度之重點，在任何人非由法院依法定程序不得審問處罰。近年來，我國法制上與此一原則有關之發展，值得注意。首先，司法院大法官會議第一六六號解釋指出：「違警罰法規定，由警察官署裁決之拘留、罰役，係關於人民身體自由所為之處罰，應迅改由法院依法定程序為之，以符憲法第八條第一項之本旨。」其次，主要都市之地方法院分設交通法庭，使往日悉歸警察機關處理之交通事故，改由法院裁斷。最近更制定動員戡亂時期檢肅流氓條例，設立治安法庭；使此一極關人民身體自由之問題，今後得由法院依法定程序審處。凡此實施憲法第八條之措施，均與源自美國憲法之制度，在精神上若合符節。

2. 我國憲法第二十四條規定之主旨有二：其一為公務員執行公務員違法侵害人民自由權利時之民事（賠償）及刑事責任；其二為國家對被害人民負擔賠償之責任。國家為公務員負責之制度與美國法制之關係，前亦已言之。就此一制度而論，依我國憲法第二十四條後段之規定，其實施須有特別立法為助，此與歐洲及美國之制度均同。在我國，則先有民國四十八年公布之冤獄賠償法，次有民國六十九年公布之國家賠償法。

值得討論者，憲法第二十四條係採過失責任主義，亦即公務員違法侵害人民，自己或國家始負賠償責任是。特別立法中，國家賠償法固採同一主義。惟較早之冤獄賠償法則採無過失責任主義，亦即賠償之根據，重在有無損害，而非公務員是否違法[8]。此亦為美國及其他甚多國家所採之主義。換言之，冤獄賠償法所定之賠償範圍，較憲法第二十四條所定之範圍為廣；因之，曾有冤獄賠償法是否違憲之爭議。雖然，幸有學者以為此一立法非但與現代立法之一般趨勢相合，且與我國憲法第二章保護人民自由權利之終極目的一致；故無違憲之可言[9]。就此一點而言，吾人似可進一步認為，冤獄賠償法對鞏固我國憲法之思想基礎，尤其是民生主義，亦可有助益。民生主義原在為人民福利而建設國家與社會；冤獄廣泛得獲賠償，亦屬人民福利之事，應無疑義。

8 參閱何佐治著《冤獄賠償法論》第一〇二頁（中華民國五十八年，臺北印行）。

9 參閱林紀東著《中華民國憲法釋論》第一六四頁，並參閱上註 8 同處，第一〇二頁至一〇三頁，第一五九頁至一六一頁。

肆、結語

中華民國憲法之制定，從其過程觀察，顯然曾屢受美國憲法之影響。至於中華民國憲法之發展與美國憲法之關係，主要在藉解釋與適用憲法以補充憲法時，凡牽涉美國憲法本身及相關制度之處，理宜兼顧原來制度之精神與特質。惟為適應我國憲政之需要，解釋與適用與美國憲法有關之成規，其最後依據仍應為我國憲法之思想基礎或指導原則，亦即 國父孫中山先生之遺教；俾發展而成之我國憲法之「法」，能與我國憲法本身保持一體。此項工作，胥賴我國學術與司法二界協力完成。

第七篇

龐德論中華民國憲法之發展*

目次

壹、緒言

羅斯寇・龐德（Roscoe Pound 1870-1964）可說是二十世紀美國法學家在世界上最富聲名的一位[1]。他在法律理論與實

---

* 本文原載《憲政時代季刊》第三卷第三期（民國六十七年元月），中國憲法學會刊行。

1 以下關於龐德個人之簡介，請參閱 Introduction by Edwin N. Griswold, in Essays in Jurisprudence in Honor of Roscoe Pound, The American Society for Legal History (1962)；馬漢寶，〈博聞強記的大法學家羅斯寇・龐德〉，載《文星雜誌》第七十九期，十四卷一期（五十三年五月一日臺版）。此文曾為臺北出版之新潮文庫收入《二十世紀的代表性人物》一書內。

務二方面，均有傑出的成就。在理論方面，他是美國社會法學的領袖；在實務方面，他做過法官和律師，對美國司法程序多所改進；而在法律教育方面，貢獻尤大。他曾經擔任哈佛大學法學院院長二十年（一九一六至一九三六）；在此期間，該院的教師、學生、課程、設備，非但在量上倍增，在質上亦益精；卒使該院——尤其該院研究所——在美國及世界上都躋於領導地位。

龐德本人勤於教學、研究與寫作。所授法理學獨步一時，已問世之有關法律的書籍與論文，做成目錄即有三百頁之多。這些著作充分表示他對西方古今法律思想與制度，無不瞭如指掌。對英美與歐洲大陸法律，尤能融會貫通；確屬一位極不平凡的法學家。

龐德晚年，與中國發生深厚的關係。他是在民國三十五年（一九四六）春與三十七年（一九四八）冬之間，應我國故總統　蔣公之禮聘，二度到南京擔任司法行政部的顧問。他的任務是為我國法律與法律制度，提供興革的建議。在前後約一年半的時間內，他曾針對我國的法律、我國的司法制度以及我國的法律教育，向當時司法行政部謝冠生部長提出了不少精闢的見解。對於我國的法律，他是分從憲法及一般法律二方面表示意見。本文擬就龐德對如何發展我國憲法所採的看法，加以介紹，並試予評論。所根據的主要資料是民國三十六年底，龐德在南京國立政治大學發表的一篇演講詞：Development of a Chinese Constitutional Law[2]。

貳、憲「法」之意義

龐德訪華期間，適值我國現行憲法制定完成，公布施行之初。所以他是針對著這部歷經艱辛而產生的國家根本大法將來應如何發展，而表示他的意見。

他首先指出，西文裡「法」的意義並不一致。英文裡的 law 字對英美學者而言，通常有二義：其一指一個政治社會藉公力以調整關係及管理行為之制度；其二指此一政治社會之法院，為維持法律秩序而從事判決所依賴的權威根據或指示之制度。不過，在歐洲大陸，各國所用以翻譯英文 law 字的各字[3]，均脫胎於相當拉丁字 jus 的中古用語，而兼指由國家執行之有關公平正義的規則以及確保秩序與倫理行為之習慣上的規則。因為此種字義上的距離以及憲政發展上的差異，constitutional law 一辭的意義，在英美法系與在歐洲大陸法系即頗有不同。譬如在英國，其不成文憲法素有二種規則：其

---

2 見 Roscoe Pound, Some Problems of the Administration of Justice in China, (published by National Chengchi University, Nanking, China, 1948), pp.35-52.

3 著者按，即如德文的 Recht、法文的 droit 等。

一為得在法院實施或執行者，是為真正的憲「法」；其二為有關政府及其各部門的組織及運行方式者，則稱其為憲法「習慣」（constitutional usage or convention），不稱「法律」。在美國，其成文憲法素被認為是法律性質多於政治性質；其中大部分的規定均得由法院作為「國家的最高法律」（supreme law of the land）而加以適用及執行。至於在歐洲大陸國家，一般言之，由於法院無權適用憲法內之規定或執行其對憲法所作之解釋，憲法規定之本身在實效上，並不比憲法習慣的權威為大。因此，對憲「法」與憲法「習慣」亦即不加明確的區分。嚴格言之，如依分析法學的標準，這些國家有無憲「法」，都成問題。

於此，我們必須指出，如想用中國文字說清楚上述西方有關憲「法」之各項發展，是一件非常困難而煞費斟酌之事。首先，constitution 與 constitutional law 必須分辨而分別迻譯。然後，始能說明英美法系與歐洲大陸法系對於 constitutional law 一辭解釋不同之所在。按西方文字中，如英文之 constitution，其本身並非必有「法」之意義；可能僅指關於政府組織或其他事項之一部「文書」（document）而言。因此，可以加上 law 或「法」字而成為 constitutional law，以表示關於政府組織或其他事項之「法律」[4]。在我國習慣上，

---

4 依美國當代權威憲法學者之一 Charles Black 之見。"a constitution"

是將 constitution 一字譯為「憲法」；依上述解釋，此所謂「憲法」即可能僅指所謂「一部憲法」或那一套「文書」而言，非必即有「法」或「法律」的意義。如想明確指出「憲法」之成為一套「法律」原則或規則（constitutional law）這一點意義，勢須譯為「憲法之法」或「憲法法」一類頗為佶屈聱牙的文字。

現在如以「憲法之法」表示 constitutional law，則根據龐德以上所說，英美法系只認為憲法內可由法院直接適用或執行之部份始為「憲法之法」，其餘則為「憲法習慣」；其間不同，嚴加區別。而在歐洲大陸，由於「法」字之涵義原來較廣，同時法院亦無權適用憲法本身之規定或對憲法所作之解釋，因此對「憲法之法」與「憲法習慣」之區分，遂亦不感覺其重要。

由於龐德在討論將來如何發展我國「憲法之法」時，強調英美憲政經驗上此種區別之重要性，著者不得不將使用我國文字以說明此種區別時，難以避免之困難，在本文正文內

係純粹政治之事，即權力之結構是。"Law" 係用以處理個人間的衝突以及公共秩序的破壞所需之器械或工具。"constitutional law" 一辭，表示法律與政治之交切；藉此，政治權力之爭議，歸由受法律傳統訓練、在司法機關工作、遵循法定程序、想法如律師之人士，加以解決。Black 的解釋，可供參考。見 Charles Black, Perspectives of Constitutional Law, Foundations of Modern Political Science Series, (Prentice-Hall Inc., 1963), p.l.

提出，以就教於國人。

參、憲法之「法」之重要

龐德在強調西方二大法系傳統上對憲「法」意義之差異以後，繼之即問：「中華民國憲法是否兼為法律文書與政治文書？」換言之，中華民國憲法的內容是否一部分可稱為「憲法之法」（law of the constitution）？對此一問題，龐德的答案甚為明確。他認為中華民國的憲「法」應該從英美路線，而為「憲法之法」，非「憲法習慣」；亦即應為「法律」或「國家的最高法律」是。他指出　孫中山先生三民主義之第二主義「民權主義」、憲法之第八條、第二十四條、第一百七十一條至第一百七十三條，都充分表現憲法之此種性質。

於此，龐德鄭重指出，中國憲法亟需要學理方面的著述（doctrinal writing），因為藉著這種工作，上述來自英美法系的理想，始能與從法典所獲得之大陸法系的一般觀念，互相配合。如能以「憲法之法」為對象，而將有關「憲法習慣」的問題歸由政治文章去討論的話，龐德認為有四類事項，中國司法官及法學家必須加以注意。在第一類事項內，首先是有關五院彼此關係之原則與細則。各院的職權或管轄範圍既不能不加劃分，這些原則與細則均可能成為法院裁決之對象。其次是政府機關之間，因權力重複或衝突以致個人權利有被侵害之虞時，其解決之辦法。按依憲法第二十四條之規定，因權力之不法行使而引起之責任，得由法院加以執行。第二類事項是行政機關與立法之關係所引起的問題。第三類事項是司法機關與立法之關係所引起的問題。例如，依憲法第一百七十一條之規定，立法得因牴觸憲法而宣告無效；此條適用之原則應如何訂定？第四類事項是行政命令與憲法之關係。依憲法第一百七十三條之規定，行政命令牴觸憲法者無效；則處理行政院與司法機關彼此間之關係，即須妥善建立原則。以上各種有關憲法解釋與適用之問題，龐德認為均有待根據比較法，以及民法第一條所謂法理而作成之學理著述，加以解決。

肆、憲「法」解釋基礎之建議

談到中國憲「法」學理方面的釋義工作，龐德以為其重要性有過於民刑法典之釋義。因為憲「法」上之基本問題懸而不決，自比民刑法上之未決問題更為嚴重。因此，憲「法」應儘量藉學理上的註釋，使其成為一套相互為用的原則與法規；既可為人所知，亦可持以教人。不過，藉學理註釋以發展中國憲「法」，不是一件輕而易舉之事。龐德指出這項工作的主要困難之一，是教育上的問題。因為在中國，制憲的人士、適用憲法以制定法律的人士以及在法院解釋並適用憲法的人士，多係分別在英國、美國、法國、德國、日本接受教育。雖然有人係在中國受教育，而這些人的教師們則又多係在上述各國接受教育。這種在訓練上極度分歧的情況，使各人的政治觀念、憲法觀念以及法律觀念自然有所不同。因此，在處理有關解釋與適用憲法的法律問題時，亦就難免各採不同的觀點與立場，而不易協調。龐德曾舉一具體例子說明此點，就是憲法第一條之解釋。該條規定：「中華民國基於三民主義，為民有民治民享之民主共和國」；當初張君勱先生即曾為文對列入「基於三民主義」一語，表示異議[5]。張氏是將三民主義解為民族主義（nationalism）民主主義（democracy）及社會主義（socialism）。他認為此三者之意義均屬含糊不清；意義既不明確，強調三者之一，即有不利於其他之虞。張氏特別指出，如果強調民族主義，即將危害個人的思想自由與表現自由。對於張氏之推理，龐德則認為不是必然如此。無論在法律上或在政治上，權威相等的原則，要在能維持均衡；否則推行至極端，自然難免衝突。龐德指出，三民主義之真義，應以　孫中山先生的解釋為準。他曾進一步探討

5　該文載於 Annals of the American Academy of Political and Social Science, (January, 1946).

中山先生創設主義的環境與目的，而試為三項主義作一解釋如次：即民族主義係指國家之統一與和諧，民權主義係指個人權利之保障，民生主義係指以服務為目的之國家。換言之，民族主義在建立一個和諧的民族之統一的國家，其中各組成分子均屬平等——此一國家在世界上與其他國家平等立足，最後可以達到國內之和諧與世界之太平；民權主義則在限制政府權力之行使，以確保人民的權利——亦即是使文明生活的合理期望能得實現；而民生主義則在推行為人民提供廣泛服務的國家制度，使個人與社會能依緩和的步驟以及適合人民情況的方式，獲得協調。

龐德認為新頒行的中華民國憲法係遵循此三項主義而制定，憲法前言足以證明此點。如果根據上述對於三民主義的解釋，他覺得民族主義即不致與民權主義發生衝突，而危害第八條及第二十四條所保障之各項人權；亦不致與民生主義所推行之服務性的國家有所違背。因此，三民主義如能保持彼此之間的平衡，足以為中華民國憲「法」之學理上的發展，提供妥善的基礎。他曾以憲法第二十四條為例，加以說明。該條係規定公務員執行公務，如侵害人民的權利自由時所負之民事、刑事責任以及政府所負之責任；係仿自大陸及英美二種法系。不過，此種制度在大陸法上，由於源自羅馬法，具有行政性質；故將實行侵害之公務員當作行政系統內之一員，而付諸行政懲戒。至於在英國通用法（common law）上，此種制度則屬司法性質，視公務員為普通個人；既有侵害行為即須在普通法院對受害人負責。關於政府本身在此類案件中所負之責任，則大陸法制與美國法制均係另以立法加以確認。不過，在英美法上，可以適用「僱用人代受僱人行為負責」（respondeat superior）之原則，而易於達成目的。

龐德指出，憲法第二十四條之制度即可以從民生主義獲得根據；因為依國家以服務為目的之觀念，為公眾之福利而服務所造成之損害，其責任應歸由公家負擔，而不該由不幸的公務員個人負擔。不過，憲法第二十四條並未貫徹上述原則；因為條文之規定並不包括執行公務時，非因公務員之侵權行為而對個人造成之損害在內。龐德認為此際，自可基於「國家以服務為目的」之基本精神，藉補充立法加以顧及。

伍、憲「法」解釋方法之建議

龐德利用上述例子，簡單說明了中國憲「法」的學理解釋如何得以三民主義為基礎。不過，他同時也指出了解釋中國憲法另有的一種困難，就是：中國憲法的許多規定係分別採自不同的憲法制度。這些制度原各有其不同的法律技術或解釋方法；制度固然融合在一起，解釋應何所適從，有時即須費苦心。他指出，憲法第八條就是最好的例證。該條顯然是仿照英美法上的刑事程序，但必須使其與根本上屬於大陸法系的制度相配合；困難之處可以想像。因為如此，龐德率直指稱，中國法學者的責任甚為繁重；非熟悉比較法學以及大陸與英美二種法系之技術不可。龐德曾另舉若干中國憲法上之條文——均係揉合不同憲法制度而成者，然後試予合理的解釋；頗具示範作用。

例如憲法第一條中，「中華民國基於三民主義」一語，與「為民有民治民享之民主共和國」一語有無不相融洽之處，可以引起爭論。龐德以為從法學家的觀點看，二者並無扞格；作為解釋與適用之根據，亦不相衝突。「民主」為政府形式之一，但是一個民主共和國可為單一國，可為聯邦國；可以指由一個全權立法機關統籌所有個人利益的國家，亦可指限制政府權力以確保基本人權的國家；可以指僅在對內維持治安對外抵抗侵略的警察國家，亦可指一個以服務為目的之國家。憲法第一條後段宣示中華民國是一個民主共和國，前一段則在表示中華民國是那一種民主共和國。基於此，政治家與立法者須牢記，中國此一共和國應照民主政體加以治理；而司法官則須牢記，在解決解釋上的疑問時，應恪遵促進國家統一，確保個人權利以及國家以服務為目的之三大基本原則。

此外，龐德談到英美與歐洲憲法上，人權之保障常有二種方式。其一為勸告性的（hortatory）規定，是以政府機關為對象；示以應如何作為，尤其不應如何作為。其二為國家最高法律之規則，約束人民與官吏，並可在法院因個人起訴而依普通程序加以實施或執行。前一種保障方式端賴政府或行使權力者之良心與善意，因此效果不大。在後一種方式，則係依靠可以由獨立法院有效執行之法律規則。龐德指出，中國憲法上之人權保障係屬第二種。不過，勸告性的規定亦非無有，諸如第七條、第八十條均是。第七條規定：「中華民國人民，不分男女、宗教、種族、階級、黨派，在法律上一律平等」，旨在宣示一種政策，以約束立法、行政及司法行為，而不在建立個人可得行使的法律權利。第八十條規定：「法官須超出黨派以外，依據法律獨立審判，不受任何干涉」。龐德認為此條內容實係司法人員之職責與本份，似不待另加曉諭。而對於真正需要在這幾方面加以勸誡之法官，則上述一般性的規定恐又無濟於事。因此，若論此一條文之實際效果，或許可為監察院彈劾法官提供根據；或許亦可於依第八十一條免除法官職務時，提供理由而已。

除作成以上幾項解釋例以為中國法學者與司法官之參考外，龐德並且指出抄襲外國制度而忽略與整個法律體系相適應時，所可能發生之困難[6]。他仍以憲法第八條為例。該條中

6 見 Tsao Wen-yen, The Law in China as Seen by Roscoe Pound, (published by Chinese Culture Publishing Foundation, Taipei, 1953), p.2.

段規定：「…… 非由法院依法定程序，不得審問處罰」。他以為對英美人士說，此項規定甚為愜意。不過，中國人習慣於法國制度，亦即輕微違警行為，如由警察處理，大家均感方便。因此，規定非由法院不可，恐難免發生扞格。

龐德指出，在美國大都市，輕微交通事件由交通法庭處理，與法國制度比較，不便多多。且美國交通法庭處理交通事件之結果，亦並不令人滿意。基於此，龐德認為中國憲法第八條中段之「法院」二字，宜改由「司法機關」；同時另行立法，將可加審判的過犯之範圍以及輕微違警之程序，詳加規定。如此，則中國的習慣做法即可納入憲法以內。龐德最後指出，中國憲法上很多地方都顯示是由想法比較抽象的政治家所為；而事實上，這些地方是應該由法學家來做的。凡此，均有待藉「憲法之法」加以改頭換面了。

陸、龐德建議之評論

從以上簡單的介紹，可知龐德首先確認中華民國憲法不僅為政治文書，亦為一部法律文書。他一面強調中國應該發展憲法之「法」，一面並建議發展應採之途徑。他明白告訴我們，他是站在英美的傳統上說話。不過他也明白告訴我們，他之所以這樣說，是因為他覺得如此對中國有利。

對於中國憲法的性質，　國父孫中山先生也說過：「憲法者政府之構成法，人民權利之保障書也」。這二方面本來均有政治宣言性與勸告性的規定，以及可以在法院實際適用與執行之法規性的規定。依龐德之見，憲法中凡能成為法律問題而經由法律方式解決者，應儘量如此解決。法律或命令是否違憲之問題，即是一例。憲法問題統由法律方式解決，易於產生原則，而得為以後作決定時之根據。政治解決易隨政治權勢與政治策略之轉移而變動，致失安定性。誠然，對於龐德之上述看法，必定仁智各見。不過，龐德之立意則懇切而深長，值得欽佩。

至於發展「憲法之法」的途徑，他鄭重建議應與發展民刑法典一樣，亟須有學理性的釋義工作。如此，在憲法方面，劃一教育、統一解釋與適用、以及進一步的學理釋義工作方可獲得一個起點。不過，由於以上所舉之種種困難，學理釋義工作甚為艱巨。於此，龐德認定三民主義可以成為解釋與適用中華民國憲法之權威根據，而且應該如此。他本人對適用憲法第二十四條所作之解釋，即為一例證。其解釋之內容亦深入而高明，可法可師。

值得重提者，即憲法第二十四條對人權之保障，並不及於公務員「未違法」而致人民受損害之事件。換言之，亦即是以「過失責任」為限。龐德曾以此種限制，未盡民生主義服務人民之能事為憾。不過，我們已於民國四十八年公布實施「冤獄賠償法」，可以說實際上已以特別立法貫徹民生主義「國家以服務為目的」之基本政策。因為該法係以「無過失責任」為根據，亦即「有冤獄即賠償」，而不問公務員違法與否[7]。是與美國制度之精神一般無二；龐德地下有知，想必感覺欣慰。

此外，他對三民主義本身所作之解釋以及憲法第一條文字所作之辯護，俱見其在個人，愛護中國之誠；在學術，貫徹立場之真，令人起敬。惟凡此意見，均與三民主義之真義為何，密切相關。政府與學界正致力三民主義之學術化。讀龐德之言，益覺此項工作誠屬刻不容緩。

在談到中國憲法是「法律文書」時，龐德曾以為第八條為最好例證；同時指出該條並為採仿英美制度之典型。不過，他在另一場合，卻又批評該第八條之一段文字不該用「法院」，而宜用「司法機關」。認為如此，一方面合乎中國人之習慣，即所謂依法國制度由警察機關處理輕微違警案件；另

7 由於「冤獄賠償法」所採之制度與憲法第二十四條之規定不一，曾引起學者間對該法是否違憲之爭論。為該法辯護之學者，曾主張該法實係以貫徹憲法第二章保護人民權利之最終目的為根據（見何佐治著《中國冤獄賠償法論》，四十八年九月臺北出版，第一五〇至第一六一頁）。我們如果利用龐德之解釋，則可說此一特別立法亦在於貫徹立國三大原則之一的民生主義；意義當更深一層，權威亦當增強一倍。

一方面，輕微違警案件由警察機關處理，亦屬方便。他並進而舉美國交通法庭處理輕微交通事件之效果不良，以支持他的意見。按龐德既知中國當時正為推行西方的「法治」而努力；為協助促進中國之法治，他似乎應該建議多由法院解決問題。然而，他卻作相反的建議，頗可引起疑問。著者以為，龐德所以提出此種建議，可能是惟恐根深蒂固的習慣不易藉立法加以改變，反可使立法成為具文而有損法律之尊嚴。況且，重視牢不可破的習慣，亦與其社會法學之基本立場相合。

同時值得一提者，過去二十年間臺灣之發展趨勢，似乎有利於憲法所採之制度。因為多年前即發生「違警罰法」是否違憲之問題，足見國人中確有人相信法院比警察機關更能保護人民之權利。事實上，臺灣各大都市之地方法院，已相繼成立交通法庭，以處理過去統由警察管轄之交通事件。這一點亦與龐德所舉美國的經驗不同。不過，此種發展之真實效果如何，自還待進一步的研究。

柒、結語

龐德在討論如何發展中華民國憲法之「法」時，有從比較法制史著眼者，有從比較法下手者。因此，博大處有之，精深處有之，非拙筆短文所能詳盡。以上評介，僅舉其最關重要之各節；但仍可顯示龐德之不少真知灼見，足發國人深省。而他對歷經艱難始制成的中華民國憲法，其愛護之誠，期望之殷，尤足使國人警醒。

第八篇

龐德論中華民國法律之發展*

目次

壹、緒言

羅斯寇．龐德（Roscoe Pound 1870-1964）是二十世紀美國法學界的一位領導人物。他曾擔任哈佛大學法學院院長二十年，也是美國社會法學的集其大成者。著作等身，桃李眾多，影響可說遍及世界各國[1]。

* 本文原載《華岡法科學報》第1期（民國六十七年四月），中國文化學院刊行。

1 關於龐德個人之簡介，請參閱馬漢寶〈博聞強記的大法學家羅斯寇．龐德〉，原載《文星雜誌》第七十九期，十四卷一期，（民國龐德在民國三十五年春與三十七年冬之間，應我國政府之禮聘，擔任司法行政部的顧問。他曾對我國的法律、司法制度以及法律教育，提出不少興革的建議。本文擬就龐德對如何發展我國一般法律所持的看法，簡單加以介紹，並試予評論。所根據的主要資料是一篇他向司法行政部提出的「初步報告」（A Preliminary Report）以及二篇他在南京國立政治大學發表的演講詞：「比較法學與歷史作為中國法律之基礎」（Comparative Law and History as Bases for Chinese Law）及「法典解釋與適用之統一」（Unification of Interpretation and Application of the Codes）[2]。

貳、龐德建議之層次

龐德對中國現代法律所提出的意見，層次極為分明。為以後評介的方便，擬先提綱挈領將他的意見或看法說明如次：

五十三年五月一日出版）。此文後為臺北出版之新潮文庫收入《二十世紀的代表性人物》一書內。

2 Roscoe Pound, A Preliminary Report to the Minister of Justice, July 12. 1946; reprinted under the name "Development af Law in Modern China", in Sino-American Relations Quarterly, Vol.II, No.2, (Summer 1976), Institute of Sino-American Relations, Hwakang, Taiwan, Republic of China, Roscoe Pound, Some Problems of the Administration of Justice in China); (published by National Chengchi University, Nanking, China, 1948), pp.1-34.

他認為 (1) 中國法律基本上採取歐洲大陸法系制度，甚為正確，不必改弦更張去模仿英美法系制度。(2) 已經制定的各種法典大體上均甚好，因此緊要之事不在修改法典，而在如何使法典有效付諸實施。(3) 為使中國法典有效付諸實施，對法典必須有統一的解釋以及統一的適用。(4) 為求法典能得統一的解釋與統一的適用，中國亟需劃一的法律教育或標準的法律教育，俾使法官與律師能在同一基礎上獲得訓練，進而能在同一基礎上解釋及適用法律。(5) 在劃一的法律教育制度下養成之法律學者與教師，應積極從事完整而有系統的中國法律註釋工作，其成果對於法官與律師適用法典，將有莫大的幫助。(6) 在現有的立法規範下，學者如能提供精闢的註解與釋義，法官與律師如能協力達成公平的司法判決，則中國法律的前途無量。

參、法律之歷史的基礎

龐德精研法律哲學，自成一家。所以他面對已經制成的中國法典而表示意見時，仍然從根本問題上著手。他首先想知道現代化中國法律是否應該以歷史與比較法學為基礎。現在先從歷史說起。

龐德指出在中國制定現代法律之初，即曾有二種不同的意見。一是主張完全模仿西方觀念與制度，一是主張設法使中國古代傳統制度能適應現代需要。嗣後法典雖已完成，但二種意見仍為批評與贊成現行法典之根據。且在解釋或適用法典時，亦每每有上述意見上的衝突。他說這種情形即是十九世紀歷史法學與分析法學之爭。在歷史法學看，法律是民族精神的產物，倫理觀念的表現；只能向每一民族之歷史中「發現」(found)，而不能「創造」(made)。分析法學則主張法律原是主權者所創造，凡經立法機關制定之規則均為法律。

龐德認為事實上，法律既是創造的，也是發現的；二種因素都有。「創造」即是理性（reason）運用之結果，「發現」則為過去經驗（experience）之採用。理性與經驗結合，本是法律發展之途徑。不過，藉法律以改換一個老大民族之生活，的確不易。事實上，很多改革法律之舉動，確因與過去的傳統相背而終告失敗。因此，龐德認為傳統倫理習慣與傳統法律制度不應該因係過去的傳統或因與西方制度不合，而即加放棄；但亦不應該因係歷史上證明的傳統，即作為解釋與適用法典之根據；必須視其是否能助使法典與現代中國人的生活保持關係而定。他曾強調說：「中國法典應由中國法學家發展成中國法律，並由中國法官加以解釋與適用；並且適用於中國人，以管理中國生活。」不過，他同時聲明他之所以如此說，不是主張中國應該改變法典制定當時所採之立場，返回傳統制度上重新作一開始；而是想指出中國法典之解釋與適用，即使受外國法典解釋與適用之影響，卻不應盲目抄襲外國法典解釋與適用之方式。

龐德一向主張，一個成熟的法律制度必須具備三項條件：「法則」（precepts）以外，須有「技術」（technique）以解釋及適用法則，更需要有該制度所屬之社會裡一般人「已接受的理想」（received ideals）以為解釋與適用法則時最後的根據。此處所謂「已接受的理想」常與一民族之歷史傳統不可分，因此龐德仍認為中國傳統的倫理道德習慣或許可發展成一套現在社會「已接受的理想」，藉以為調整關係及管理行為之準則。如此，中國法律之解釋與適用始能具有真正的中國特質與色彩。

肆、比較法學之運用

至於比較法學對中國法律之用處，龐德認為首先，在制定法典之初，可藉以就西方二大法系作一智慧的選擇。其次，於選定一法系後，則可藉以從各國現代法典中慎擇一模範以及各種具體規定。甚至藉以從英美法系中採取若干特殊規定，亦無不可。但是法典一旦制成，比較法學不應再用以選擇外國法作為法典內容，而應該用以確定如何解釋並適用採自外國法典之條文。換言之，此時比較法學之任務乃在將中國法典內模仿外國法典之各項條文，與原來外國法典內之此等條文加以比較，以定各項條文應如何解釋及適用。龐德強調，此時不能專視此等條文在外國法典內解釋適用之情形，而必須兼顧中國生活之實況、中國社會之理想以及中國法律之目的。他認為此時中國的法律傳統與法律哲學，非但足以在比較法學所顯示之種種可能的解釋與適用方式中，指出選擇之途徑，也許可以進一步提供更適合於中國生活的解釋與適用方法。

就歷史與比較法學對中國法典之作用而言，龐德曾提出明確的結論。他說：「現行中國法律在解釋與適用上可能發生的問題，必然與今日的中國生活不可分，而歷史與比較法學均不能發現這些問題。因此可知，靠歷史與比較法學均不足以發展以中國法典為根據之中國法律。欲達此目的，端賴中國自己另想辦法。」

伍、法典之解釋與適用

於此，龐德提出發展中國法律最緊要的問題，即法典解釋與適用之統一工作。龐德在談到此一問題時，首先又強調我國法律所需要的不是「改革」（reform）而是「格式」（form）。換言之，不需再談法典內容是否要改革，而亟需為已有的法典提供設備與方法，使其能有效付諸實施。為達此目的，龐德率直指出，必須使法典之解釋與適用能具有統一的「格式」；而在這一方面，法官與律師等亟需要關於法典的學理註釋或釋義一類之書籍為助。他曾舉出不少我國民法上的例子為證。譬如：

1. 民法第一條規定：「民事、法律所未規定者，依習慣。無習慣者，依法理。」所謂「依法理」之規定是用以補充法典之漏洞者，亦即薩維尼（Savigny）及奧斯丁（Austin）所謂 subsidia。不過，何謂「法理」？是指「自然法」乎？抑實證法之理想乎？抑法官如居立法者地位所將制定者乎？必須從中國自己的立場，加以明確的詮定。

2. 民法第一百四十八條規定：「權利之行使，不得以損害他人為主要目的。」此即是法國法上所謂權利濫用（abusive exercise of rights）之觀念，其關鍵在於行為人之「主要目的」一點。此「目的」如何得知？又如何確定「主要的」目的？在歐洲與英美均成問題。中國之經驗如何？

3. 民法第一百八十四條規定：「因故意或過失不法侵害他人之權利者，負損害賠償責任。故意以背於善良風俗之方法，加損害於他人者亦同。」此一條文來自德國民法，原有爭議。在中國，善良風俗一向受人重視。適用此條時，是否需要特加詮釋？

4. 民法第一百五十三條、第一百五十四條及第一百六十一條均有「依其事件之性質」之規定。何謂「依其事件之性質」？有無標準？再者，第二百十九條規定：「行使債權履行債務，應依誠實及信用方法。」何謂「誠實信用方法」？

以上各條文所牽涉之問題，不能全以抽象的概念視之，而必須以當地的觀念及一般人接受的中國理想為根據，加以解釋。

龐德列舉上述各例，在表示意義隱晦的法律文句，均待學者精心剖析，提供意見，以為法官律師等用法者之幫助。不過，他心目中之此項學術工作，不僅止於對法典各節附加註語而已，乃是中國法律之完整而有系統的一套學理釋義；能與法、德、義各國之類似著作等量齊觀者。龐德認為此種艱巨工作，必須由中國法學家自己承擔。

陸、統一解釋之重要

於此，龐德進一步說明，解釋與適用中國法典之統一工作何以為當務之急，以及在中國撰著此一學理釋義大全何以困難較多。首先，中國現行法典制定之初，並無任何自己的經驗與資料可作基礎。因此，不得不全盤向外國模仿。當初係仰仗比較法學以博採各國制度。其結果，雖得各國法典之長，卻使法典之根據不一；在解釋適用時，乃不能依靠任何一個國家的資料與經驗。不同條文之來源既不同，即須參考不同國家之文獻。常此以往，必致法典四分五裂。故解釋與適用中國法典，非從速建立統一的方法而且是中國的方法不可。

由於法典之來源出自不同的國家，中國的法學家與司法官一向亦分別自不同的國家接受教育，諸如德、法、日、英、美等國均是。即使在中國受教育者，其訓練亦因教師所受教育之不同而隨之不同。龐德認為此種情形，必然使中國法典之學理詮釋工作以及司法之發展，大受阻礙。

因為如此，龐德建議：在中國，法官、律師及法學家必須儘速接受劃一的法律教育。換言之，中國法律學校必須提供統一或同一的中國法律教育，而學生也應能在中國獲得完整的中國法律教育。至於出國留學，應重一般文化方面之進修，而非專業訓練。如問達到此一目的之最切實又迅速的途徑，則為一套中國法律完整的學理釋義著作；概括中國法律之全部，使法律教師得先有一共同的出發點，以逐步走向統一的目標。

龐德主張，上述法律釋義工作在中國，宜由政府機關主持，而集學者法官共同為之。此種釋義應具有說服力而非拘束力，應屬學理而非立法。如有遺漏，可由其他釋義補充。如有錯誤，法院及教師均可得知，而於製作司法判決、授課及從事其他釋義工作時，加以改正。換言之，釋義因非立法，乃可不必經修正程序而不斷獲得改善。此亦即法律依理性與經驗，漸進發展之途徑。

柒、龐德建議之評論

龐德對發展現行中國法律的看法，已扼要予以介紹如上。現在擬試就其所表示的意見，略加檢討及評論。

龐德一再說中國現行法典甚好[3]，因此不需要在內容上或所採之制度與條文上有所更張。此為龐德最根本而極重要的一點意見。基於此，他別的建議均係針對如何有效適用法典而發，不談法典內容上之修正或補充。因此，這一點意見值得首先加以檢討。以上說過，龐德之所以認為中國現代各種法典均甚好，是因為此等法典乃係依照比較法學博採各國現代法典之長而得來。就這一點而論，如果說中國法典優於其他各國之法典，亦非過譽。不過，此處涉及法學基本理論上

3 他曾用過 excellent, good, well-done 等字語形容中國現代法典。

的問題。依上述比較法學方式制定法典，即是他所說「法律是可以創造的」；這本是分析法學的立場。但是法典是否應該專依此種標準而制定，理論上大有爭執。歷史法學、自然法學、社會法學都竭力加以反對。龐德何能不知。所以他一再強調「已接受的理想」（received ideals），「社會目的」（social purpose）對法律的重要性。在中國法典，因為制定時什九是模仿西方法典，所以他又一再強調解釋與適用此等法典時，必須以中國人「接受的理想」以及現在中國社會之目的或利益為最後準據。

按龐德本人是社會法學的大家，他也深知中國有長遠的歷史傳統。中國模仿西方法典所得的結果，當然不能完全符合上述傳統以及仍深受此等傳統影響之現代中國社會。而他之不主張修改中國法典者，理由何在？對此，他曾說過，「現代法律」並非任何一個國家民族的法律，而是現代文明世界各國人民之理性與經驗相輔相成後共有的結晶。言下在指中國為現代文明國家之一，其法律不必亦不能離群而獨異。不過，根據他自己的理論立場，又不能不強調已成的中國法典務須由中國法學家、法官與律師依據中國人廣泛接受的傳統與理想來解釋及適用；以求建立在西方法律基礎上的法典能與中國生活保持關係，而能發展成中國的法律。於此，著者必須指出，龐德雖屬社會法學，卻能兼顧歷史法學、分析法學以及自然法學的立場。而事實上，上述每一法學理論對於法律真象之了解，確都有所貢獻。此處正足以表示龐德是個胸襟開闊，能為真理而兼容並包的大家。這是深深令人敬佩的。

不過，著者覺得龐德尚有一點看法，亦值得討論。他認為中國在傳統上既有廣泛被接受的倫理習慣，且形成了一個道德哲學體系；也許此等傳統可以發展成一套現在社會大家「接受的理想」，作為調整關係及管理行為之準則，而對中國法律之發展大有裨益。可是龐德並未說明此等倫理道德的傳統，究何所指。著者以為此處亦牽涉一個根本問題，即「法」的觀念問題。

在我國傳統上，「法」的觀念與「禮」的觀念必須並論，始能得現代所謂「法」的全貌。而我國一向重「禮」而輕「法」、「畏法」，主要是因為過去的「法」常指「刑法」，而「禮」則概括一般社會生活上的規則。所以是非善惡，公平與否，根本上素以「禮」為準，而非以「法」為度；出「禮」始入於「法」。既然一向輕「法」、「畏法」，也就難免發展成輕視或誤解法官律師之習慣。換言之，我國傳統上對於「法」的看法，與一般倫理道德的習慣息息相關。如以此一對「法」的傳統看法以及受其影響的其他倫理道德習慣，作為解釋適用現行法典之準據，其後果如何，不言可喻。事實上，可以說就是因為現代的中國社會——例如民國以後至三十八年為止的中國大陸以及光復後的臺灣——仍深受上述傳統之影響，所以推行現代所謂的「法」治，效果乃不能盡如理想。換言之，維持傳統上對「法」的觀念，恐不能達到現行法典下推行「法」治之目的。

關於此一根本問題，龐德似乎未及注意。可能是根本無人向他提起這一點，亦可能是他手邊並無充分的有關資料。至於如何發展一套現在中國社會大家「已接受的理想」，而能與過去的倫理道德傳統保持關係，是件哲學社會學的工作。對此，著者個人曾經表示過一些淺見[4]。不過無法在此多說。

捌、結語

龐德當年對於如何發展我國現代法律所提出的建議，具體而明確。約言之，要使西方化中國法典發展成真正的中國法律，必須中國的學者、法官及律師自己協力，在顧到中國傳統與國情之原則下，劃一法律教育與法典註釋，並統一法典之解釋與適用。於今，時間已過而環境亦遷，但問題則依舊。目前，我國雖然已有不少關於主要法典之釋義書與教科書可作為劃一法律教育及統一法典解釋之基礎，但是完整的

4　參閱馬漢寶，〈法律、道德與中國社會的變遷〉，原載《國立臺灣大學法學論叢》第一卷，第一期（民國六十年十月出版）；收入本書為第一篇。

法典釋義著作，尚未得見。非但並無民間機構從事此項工作，而有關政府機關之興趣亦不在此。至於現時我國的法學教師、法官與律師，曾經在法律制度不同的各國接受專業教育者，為數仍不少；自亦難免各依留學國的外國經驗為根據，以解釋與適用中國法典。凡此均足使吾人感覺，對龐德當初的建議，仍有三復斯言之價值。

第九篇
臺灣之土地改革*
──實行法治之一項範例

目次

壹、緒言

中華民國建國以後，重要立法自民國十八年起陸續完成，公布施行。民國三十六年並公布施行「中華民國憲法」，法律體系乃趨於完備。

法治一概念，素有不同的意義；其一在指治理眾人事務之權力均來自法律，並依據法律而行使[1]。就法治須先有法律

---

* 本文原載《臺灣光復後土地改革研討會論文集》（民國八十三年六月），國史館刊行。

1 參閱 The Rule of Law in a Free Society, A Report on the International Congress of Jurists, (New Delhi, India, 1959), pp.196-197.

此一意義而言，我國早已具備法治之基礎。不過，有法律未必即有法治；如法律俱全而施政實際上不以法律為根據，仍係徒具法治之名，並無法治之實。

臺灣土地改革之成效，業已屢經學者從經濟、社會、政治等各方面加以分析與研究。本文則試從法律觀點，探討其成功之原因及產生之效果；更在表明臺灣之土地改革乃是實行法治之一項顯著事例——亦即自其政策之釐定開始，每一階段之措施悉依法律而完成。於此，必須就法治之另一意義先予闡釋，以明臺灣之土地改革何以稱為實行法治之一項模範事例。

文初所謂，法治乃治理眾人事務之權力悉來自法律，並依法律而行使，其意義係只重權力及其行使須依法律而定，並不過問法律之內容如何；所以是法治之形式意義。惟法治尚有其實質意義，亦即法治所依賴之法律本身，須符合若干基本原則。如此定義，必然牽涉法律哲學上由來已久之爭議。不過，今日凡崇尚、追求自由民主之社會，其不能不重視每個個人之尊嚴與價值，實無可否認。因此，就今日自由民主社會而言，所謂法治之實質意義，應指非但施政須依法律，法律本身須以尊重每個個人之尊嚴與價值為原則。且為使各個個人能切實享有尊嚴，應進而致力滿足各個人得過合理生活之要求[2]。自由民主國家之憲法或根本大法，無不保障個人之自由與權利，甚至以人民經濟生活之均足為國家之基本政策，可為佐證。

土地改革基本上是土地或地權之重新分配[3]，而實際上則不外是使某些人喪失土地，某些人或政府獲得土地。法治社會之法律，原不應對人民有厚此薄彼之差別待遇。但此種措施如係為全體人民提供原無之平等機會，則非不可為。土地改革之重新分配土地，即係糾正原有之不平情況，使得其平。不過，即使此種措施有其必要，仍應力求其合理公平。因此，乃經由法律使喪失土地者獲得適當之補償，而取得土地者亦付出合理之地價；臺灣之土地改革即係如此。

再者，在法治社會，任何人之權利如受他人之侵害，即得向普通法院請求保護。同時，個人如因政府機關之不法措施致其權利受侵害者，亦得或向普通法院或經由行政訴訟程序請求救濟。在臺灣土地改革過程中所發生之任何糾紛，無論是地主與佃農間者，或地主佃農與政府間者，最後亦均經獨立之普通法院與行政法院分別加以解決。

上述說明足證臺灣土地改革之整個過程，非但於法有據，

---

2 Ibid., pp.192-193.

3 參閱 Land Reform and Agricultural Development, in Agricultural Development and Economic Growth, edited by Herman M. Southworth and Bruce F. Johnson, (Cornell University Press, 1967), pp.268-269.

而且有關之各個人，其權利與利益均受到尊重與保護。因此，稱臺灣之土地改革兼備法治之形式與實質意義，而為實行法治之一項模範事例，亦當之無愧。以下再分從憲法、法律以及司法三個層次，分析探討臺灣土地改革之成效。

貳、臺灣土地改革之憲法基礎

憲法為國家之根本大法，原係法治之首要基礎；而臺灣之土地改革與憲法之關係則非比尋常。

首先，憲法前言揭示，我國憲法係以　國父孫中山先生之遺教為依據；而其三民主義中之民生主義則為臺灣土地改革政策之思想淵源。尤其土地改革最後一階段之名稱「耕者有其田」，更是直接得自民生主義。其次，憲法第一百四十三條第一項規定「中華民國領土內之土地屬於國民全體，人民依法取得之所有權應受法律之保障與限制」。換言之，私人之土地所有權為法律所承認，受法律之保護，唯有法律始能限制之。同條第四項則針對土地改革而規定「國家對於土地之分配與整理，應以扶植自耕農及自行使用土地人為原則，並規定其適當經營之面積」。上述條項係置於憲法第十三章基本國策之內，是土地改革為憲法明文規定之國家基本政策，亦足見其與憲法關係之密切。

我國憲法係由當年代表整個中國之國民大會所制定，臺灣省人民之代表亦在其中。是臺灣土地改革之政策係基於憲法之明文規定此一事實，給予政府充分合法之理由，據以要求臺灣全省人民支持該項改革政策。因此，探討臺灣土地改革成功之原因，對於此項改革政策與憲法之關係，實不可加以忽視。

參、臺灣土地改革之法律架構

土地改革基本上係土地之重新分配，前已言之。因此實施時，必不免影響私人之土地所有權。憲法既規定，人民之土地所有權非依法律不得限制，政府為遵守其憲法上之義務，乃將土地改革之實施過程，完全納入於一個法律架構之內。以下先述有關之普通法律，再論每一階段之特別立法。

一、普通法律

直接與土地改革有關之普通法律為民法及土地法。民法乃規律一般民事與商事之基本法典，土地法則為處理土地事務之一般法律。凡土地改革之特別立法未加規定之事項，均適用此等普通法律。事實上，主要之特別立法內，均有明文如此規定。例如當年之「耕地三七五減租條例」第一條規定

「耕地之租佃依本條例之規定，本條例未規定者，依土地法及民法之規定。」「實施耕者有其田條例」第一條第二項亦規定「本條例未規定者，依土地法及其他法律之規定。」茲再分就民法與土地法之有關規定，略加說明。

（一）民法

我國民法法典分總則、債、物權、親屬及繼承五編。有關不動產物權之通則、不動產所有權之內容與其限制、共有問題以及與土地有關之各種物權，如地上權、永佃權、地役權、抵押權、典權等，均在民法物權編內加以規定。關於契約之一般與特別事項，尤其是有關租賃者，則規定於債編內。其他與土地改革有關之事項，在親屬與繼承編內亦分別有所規定，如配偶、血親、家屬、家，以及繼承、繼承人等之定義均是。

（二）土地法

土地法與土地改革有關之處，首先為基本法律概念或名辭，如私有土地、公有土地、農地、自耕等之定義，以及與土地使用、土地總登記、地籍測量等有關之一般原則。其第三條為配合土地改革政策，則明文規定「私有農地所有權之移轉，其承受人以能自耕者為限。」此外，其第一百零七條復規定「出租人出賣或出典耕地時，承租人有依同樣條件優先承買或承典之權」，而依同法第三十三條之規定，承佃耕作之土地，其承佃人繼續耕作滿八年以上時，如土地所有權人為不在地主或非自耕農者，得請求該管縣市政府代為照價收買。但老弱、孤寡、殘廢及教育慈善公益團體藉土地維持生活者，免予照價收買。且依同法第三十四條之規定，各級政府為創設自耕農場需用土地時，經行政院核定，得依以下順序徵收之：(1) 私有荒地，(2) 不在地主之土地，(3) 出佃之土地，其面積超過法律所限定最高額之部分。凡此亦均與土地改革之政策相符。

二、特別立法

臺灣原有歷史頗久之租佃制度，實施以耕者有其田為目的之土地改革政策，乃必須分階段進行，即耕地三七五減租、公有耕地放領及耕者有其田是。每一階段須處理之事項、須解決之問題各有不同，故每一階段需要適合其特殊情況之立法。有關之法律與命令為數頗多，以下僅以主要法令為對象，依階段之先後，分別予以評介。

（一）耕地三七五減租

民國三十八年以前，臺灣原有之租佃情況極不合理。雖然一般租率約為收穫總量百分之五十左右，但地主之要求可高至百分之六十或百分之七十。尚有所謂鐵租者，即不論歉收情形如何嚴重、佃農必須付常為百分之六十之一定地租。更甚者，租約多屬口頭約定，且無一定租期；致地主得任意加租、強收押租，甚至停止租約，而佃農則並無任何書面憑據可資對抗。受此層層剝削，佃農生活之困苦，可想而知。

凡此均為行之甚久之積習，欲加剷除，不能不靠立法。為達此目的，政府於民國四十年制定「耕地三七五減租條例」，計三十一條。首先規定，耕地地租租額不得超過主要作物正產品全年收穫量千分之三百七十五；原約定地租超過千分之三百七十五者，減為千分之三百七十五，不及者不得增加（第一條）。其次，出租人不得預收地租及收取押租（第十四條）；耕地因災害或其他不可抗力，致農作物歉收時，承租人得請求減租；耕地因災歉收致收穫量不及三成時，應予免租（第十一條）；以上規定旨在減輕佃農之負擔。該條例進而規定，租約應一律以書面為之（第六條），租佃期間不得少於六年（第五條）；耕地租約於租期屆滿時，除出租人收回自耕外，如承租人願續租者，應續訂租約（第二十條）；耕地出賣或出典時，承租人有優先承受之權（第十五條）；耕地租約屆滿前，出租人縱將其所有權讓典與第三人，其租佃契約對於受讓受典人仍繼續有效（第二十五條）；以上規定旨在保護佃農之利益。其中租約概用政府統一規定之書面方式，一則可使租約雙方之權利義務明確，以減少事後爭議；二則當實施土地改革最後一階段時，亦可作為徵收出租耕地及放領耕地予現耕農民之法律根據。

在另一方面，土地改革此第一階段之特別立法，對地主之權利與利益，並予合理照顧。例如承租人應按期繳付地租（第八條），地租積欠達二年之總額時，地主於耕地租約期限未屆滿前，得終止租約（第十七條第三款）。

（二）公有耕地之放領

為達成土地改革之最後目的，政府既得強制徵收超過保留標準之私人所有耕地，而放領予現耕農民，則政府理應自動先將所有之耕地放領。如此可以發生示範作用，同時亦足以表示政府貫徹耕者有其田政策之決心。此一階段之主要法律根據為民國四十一年行政院核定之「臺灣省放領公有耕地扶植自耕農實施辦法」，計十六條。該辦法規定，公地承領人首先為承租公地之現耕農（第六條第一款），每戶承領公地之面積標準，應分別按田與佃之地目等則擬定（第七條）；放領公地地價得按照土地等則全年正產物收穫量兩倍半折成實物計算（第八條），並分十年攤還；其每年攤還數額，以不超過放領土地全年正產物收穫量千分之三百七十五為準（第九條）

上述辦法嚴格限制承領人對承領之土地必須自任耕作，非經政府准許不得移轉；唯合法繼承不在此限（第十三條）。承領人違反此項規定，政府得撤銷其承領，收回土地，地價並不予發還（第十五條）。

（三）耕者有其田之實施

臺灣土地改革最後之一階段，即耕者有其田理想之實現。為達成此最重要階段之目的，預先須採若干具體措施，即土地測量、土地登記、土地使用調查及地籍總歸戶。每項措施均影響人民之權利與義務，故每項措施理應於法有據，而事實上亦確係如此。其中以四十一年開始之地籍總歸戶最關緊要，其所依據之法令即臺灣省政府民政廳地政局訂發之「臺灣省各縣市（局）辦理地籍總歸戶程序」。此一地籍總歸戶所得結果，為隨後徵收地主土地、放領自耕農民土地、保留個別地主土地以及免予徵收地主土地時，提供必要之資料。

實施耕者有其田之主要立法為民國四十二年總統公布之「實施耕者有其田條例」，計三十六條。此一條例制定之過程可謂甚為周密，自省議會至立法院，其間曾廣聽輿論及國內外學者專家之意見；而立法院之審議與通過，尤為慎重[4]。繼

4 審議及通過情形，參閱馬壽華，《臺灣完成耕者有其田法治實錄》（民國五十三年四月），第一五頁。

之，臺灣省政府並於民國四十三年發布「實施耕者有其田條例臺灣省施行細則」，以確保該條例能適應臺灣當地之情況。茲簡述該條例內容之特色，並加評論。

1. 該條例旨在藉和平漸進之方式，廢除租佃制度，並保障現有耕農；故准許地主保留一定甲數之土地。但該保留之土地必須由現耕農繼續承租（第十條）；凡超過法定保留標準之耕地，一律由政府徵收，轉放現耕農民承領（第八條、第九條）；地主保留之耕地出賣時，現耕農民有優先購買權（第十二條）。

2. 該條例規定耕地之徵收與放領，均由政府辦理；避免地主與佃農直接交涉，以確保土地所有權移轉之和諧（第十七條、第二十一條）。

3. 該條例對於其他事業與特殊種類之地主，則合理加以照顧而免予徵收，例如供試驗研究、農業指導使用之耕地、教育及慈善團體所需之耕地、老弱孤寡殘廢生活所需之土地等（第八條第二項、第九條）。

4. 該條例為保障地主之利益，規定徵收之耕地須補償地價，並依照各等則耕地主要作物正產品全年收穫量之二倍半計算；其補償方式，則以實物土地債券七成及公營事業股票三成撥發之（第十四條、第十五條）。換言之，耕者有其田政策之實施，同時亦在協助為工業提供資本。

5. 該條例為求合理，乃規定每年繳付地價，以不增加佃農在三七五減租後現有之負擔為準（第二十條）。

6. 最後，該條例為確保耕者有其田之成效，規定耕地承租人承領之土地，在地價未繳清前，不得移轉於任何人；地價繳清後，土地如有移轉，其承受人限於自耕者或土地限於供工業或建築用者（第二十八條）。冒名頂替承領耕地或承領後出租承租耕地者，除由政府收回其承領耕地外，所繳地價不予發還（第三十條第二項）。此外，該條例並規定政府為改良土地利用及增加生產，應設置基金，為承領耕地農民提供低利貸款，並獎助其以合作方式為現代化之經營（第二十三條、第二十四條）

肆、臺灣土地改革所生爭議之解決

從上述說明可知，臺灣土地改革係分三個階段，每一階段之改革，均係依據法律而完成。非但如此，每一階段所依據之法律，都能盡量使改革之效果合理而公平。因此，臺灣土地改革之整個程序，堪稱是一個合法、合理之程序。雖然，臺灣土地改革之實施，不僅影響私人之權利與利益，同時牽涉公共利益之處亦甚多；乃一非常艱巨而複雜之程序。因此，即使具備周密之法律架構，仍難免發生爭議與糾紛。此等爭議或糾紛何以發生？如何解決？與臺灣土地改革是否成為法治之一項範例，息息相關。以下擬分就每一階段實際發生之爭議，述其起因及解決之方式。爭議之解決與司法機關不可分，因此首先簡單介紹與土地改革有關之司法機關，有其必要。

一、司法機關

我國最高司法機關，依憲法規定，為中央政府五院之一之司法院。司法院系統內，有大法官、最高法院及所屬高等法院與地方法院、行政法院及公務員懲戒委員會。與土地改革有關者，為大法官、最高法院及所屬高等法院與地方法院，以及行政法院。

大法官會議之職務在負責解釋憲法並統一解釋法律與命令。一般言之，地方法院為民事與刑事案件之初審法院，高等法院為二審法院，最高法院為終審法院。行政法院處理行政訴訟，依當時行政訴訟法第一條規定「人民因中央或地方官署之違法處分，致損害其權利，經依訴願法提起訴願而不服其決定，或提起再訴願三個月而不為決定者，得向行政法院提起行政訴訟。」行政法院與土地改革所生之爭議，關係最多。不過提起行政訴訟之前，須先經訴願及再訴願。又行政法院認起訴為有理由者，則以判決撤銷或變更原處分或決定（行政訴訟法第二十三條），且行政法院之判決係一審確定，不得上訴（行政訴訟法第三條）。

二、出租人與承租人間耕地租約之爭議

耕地三七五減租完成後，出租人與承租人間有時為租約問題發生爭議。依耕地三七五減租條例第二十六條之規定，出租人與承租人間，在租約期滿前發生之爭議，須先由當地鄉鎮（區）公所耕地租佃委員會調解，調解不成立者，應由縣（市）政府耕地租佃委員會調處，不服調處者，由縣（市）政府耕地租佃委員會移送該管司法機關。此類爭議因僅牽涉私人契約之權利與義務，故歸普通法院管轄。不過，曾有爭議，其起因係出租人於租約期滿時，以所有收益不足維持一家生活為理由，主張收回耕地；而承租人則以收回耕地將致其家庭生活失據為理由，主張繼續承租（耕地三七五減租條例第十九條第一項、第二項）。上述爭議，過去於鄉鎮（區）公所耕地租佃委員會調解不成立，復經縣（市）政府耕地租佃委員會調處不服者，亦因其純為私權糾紛而歸普通法院管轄，與行政法院無關。此一立場曾為最高法院判決所支持[5]。惟政府機關對此類爭議之性質，意見頗不相同，遂聲請大法官解釋。大法官則於民國五十九年以釋字第一二八號解釋認

5 最高法院臺上字第七〇七號判決，民國四十八年。

為「行政機關就耕地三七五減租條例第十九條所為耕地准否收回自耕之核定與調處，出租人承租人如有不服，應循行政爭訟程序請求救濟」。其理由在於租約既已屆滿，已無私人間契約關係之可言；該管耕地租佃委員會准否收回自耕或繼續租約，仍係發生法律效果之單方行政行為，亦即係行政處分。因此，出租人或承租人對之如有不服，自應循行政爭訟及行政訴訟程序請求救濟；訴訟管轄之爭乃告一段落。

值得一提者，有關政府機關主張上述爭議應依行政訴訟程序解決而聲請大法官解釋時，曾強調其主張與土地改革之基本政策利害相關。聲請書中指出，訴訟在普通法院繫屬，常既費時間又費金錢，非一般佃農所能負擔。上述爭議中之地主乃有故意將爭議訴諸普通法院，以迫使佃農放棄續租之要求。其結果佃農既喪失使用土地之機會，更無取得土地之可能，土地改革之政策豈非落空[6]。於此亦足見，司法程序與土地改革關係之一斑。

三、公有耕地放領之爭議

因公有耕地放領而生之爭議，一向由普通法院管轄；此係因政府放領耕地予農民而收取價金，則與私法上之買賣無

6　參閱監察委員康玉書等五人聲請司法院大法官會議解釋聲請書內容，院臺俊字第一二二號，民國五十八年。

異；如有爭議，自應循民事訴訟程序解決。民國二十八年司法院曾有解釋可以藉以說明此點，其原文謂「行政官署放領官產，雖係基於公法為國家處理公務，而其所為放領之行為，則係代表國家與承領人訂立私法上之買賣契約，所賣官產如為土地法第八條所列不得私有之土地，其因履行買賣契約而訂立之物權契約，法律上當然無效，無待於上級行政官署之撤銷。至物權契約是否無效及物權契約無效時其債權關係如何，官署與承領人間有爭執者，應向法院提起民事訴訟以求解決。再人民對於行政官署認為官有而放領之產業主張係其私有，衹得提起民事訴訟，請求確認或回復其所有權，不得提起訴願請求撤銷放領案」[7]。根據上述解釋，行政法院對於就此類案件提起行政訴訟者，概予裁判駁回。

雖然，對於上述解釋是否適用於臺灣省放領公有耕地而生之爭議，非無歧見。其重點認為上述解釋所謂買賣契約，乃依民法規定而成立，其雙方當事人係立於同等地位。若政府為執行新土地政策而將土地所有權移轉於人民，其移轉方法與條件，均與民法之規定不同；此可由各項特別法令如「臺灣省放領公有耕地扶植自耕農實施辦法」及「耕者有其田條例」所為之放領情形得知。兩項法令所執行之放領，均非純以金錢為目的之買賣；承領人之資格均受限制；承領人取得

7 司法院院字第一九一六號解釋，民國二十八年九月十三日。

所有權後，尚受使用之限制；且政府於承領人合法取得所有權後，不特可以撤銷承領人是項土地所有權，而承領人所繳之地價亦不予發還，承領人並無任何對策。因此，政府撤銷放領之行為，乃為達到特定行政目的所為單方之權力行使，自屬行政行為。如因之而發生爭議，應由行政法院依行政訴訟程序解決之[8]。

上述訴訟管轄之爭，亦因民國五十年司法院大法官所為釋字第八十九號解釋而終止。該號解釋係認為，因公有耕地放領而生之爭議，應由普通法院管轄。

四、耕地徵收與耕地放領之爭議

耕地徵收與耕地放領為土地改革之最終階段，此一階段發生之爭議，能否公平解決，自屬關係重大。依據實施耕者有其田條例第十七條第一項第一款及第二款規定，徵收耕地之程序為縣（市）政府查明應予徵收之耕地，編造清冊予以公告，公告期間為三十日；公告徵收之耕地，其所有權人及利害關係人認為徵收有錯誤時，應於公告期內申請更正。依同條例第二十一條第一項第一款至第三款之規定，放領耕地之程序為縣（市）政府查明應行放領耕地之現耕農民、編造放領清冊；放領清冊經鄉（鎮）（縣轄市）（區）耕地租佃委

8　可參閱註 4 引書，第七三至七四頁。

員會審議，報請縣（市）耕地租佃委員會審定後，由縣（市）政府予以公告，公告期間為三十日；耕地承租人及利害關係人認為放領有錯誤時，應於公告期間內申請更正。

換言之，如認為上述徵收或放領程序有錯誤，得申請更正；該管政府機關如不予更正時，所有權人及利害關係人或承領人及利害關係人即得循行政訴訟程序請求救濟。是即先提起訴願、再訴願，最後向行政法院提起行政訴訟。在民國四十二年至五十二年此一指定完成耕者有其田之時期內，向行政法院提起有關耕地徵收之行政訴訟，共一百四十五件。按臺灣全省被徵收耕地之地主計十萬六千零四十九戶；在此戶數中，其認為徵收有錯誤而提起之行政訴訟僅一百四十五件，為數可謂甚少。在同一時期，向行政法院提起有關耕地放領之行政訴訟，共七十六件。以臺灣全省放領耕地之承領農民十九萬四千八百二十三戶計，認為放領有錯誤而提起之行政訴訟，僅七十六件，為數更少[9]。

如進一步分析行政訴訟裁判之結果，則在總數二百二十一件訴訟中，駁回原告之訴者計一百七十三件；其中徵收部分有一百二十三件，放領部分有五十件。換言之，除去因原告起訴無理由或不合法而駁回其訴之一百七十三件外，經行政法院認為政府有關機關原處分或原決定確有錯誤，

9 參閱註4引書，第四一至四二頁。

而撤銷或變更原處分或原決定者，僅四十八件；其中徵收部分二十二件，放領部分二十六件。再以全省耕地被徵收之地主戶而言，即十萬六千零四十九戶中，僅二十二件徵收錯誤；以全省耕地放領之十九萬四千八百二十三戶而言，僅二十六件放領錯誤[10]。從以上數字可知，耕者有其田依法實施之經過，極少糾紛成為訴訟；即使有，亦均經行政法院解決。

伍、結語

臺灣土地改革與法律之關係，從以上分析探討可知其梗概。約言之，其政策之釐定係根據憲法，每一階段改革之執行，無不納入預先設計之法律架構，而所有因改革措施而生之爭議，最後均分別由各級司法機關依法解決。凡此，足以表示臺灣之土地改革乃實行法治之一項顯著事例。且因整個實施過程所依據之法律與命令，多能兼顧各有關個人之權利與利益；而爭議最後之司法解決，更致力求其合理與公平；亦使臺灣之土地改革堪稱實行法治之一項模範事例。

10　參閱註4引書，第四二頁。

第十篇
法律與科技發展*

目次

壹、緒言

科學與技術急速而高度發展的結果，使人類得享前所未有的樂利，同時也為人類帶來無法預料的難題與危機。科技發展產生的利與害，其程度隨社會而不同。這是因為各個社會發展科技時，謀求其利以及防治其害的努力不等之故。雖然，科技發展及其相關問題，已成為每一個國家、每一個社會所重視的問題；甚至可以說已是全世界、全人類共同的問題。因此，在學術方面，不同的學科乃自不同的角度從事研

* 本文原載《社會文化與科技發展研討會論文集》，（民國七十二年八月），行政院國家科學委員會刊行。

究；有的分析說明，有的則檢討建議，情況之熱烈為學術史上所少見。尤其是近三、四十年來，自然科學家與人文社會科學學者，分別為科技發展利害所作的辯護與爭論，更是發人深省；使每一個有心的人不能不予注意[1]。

本文在試圖從法律的觀點，探討科技發展及其相關問題；實際上是想探討法律與科技發展彼此之間的關係。現在擬以下面一個假設或前提為處理之基礎，即：科技發展影響法律，也應該影響法律；同時，法律影響科技發展，也應該影響科技發展。對這項前提，可以先作一概括的說明。

人必須過社會生活，而法律乃是社會生活的規則。社會生活的基本內容，不外食衣住行等民生問題；這些生活內容，無不與科技有關而深受科技發展之影響。法律既在規範社會生活，當然即與科技發展之間發生密切的關係。一國的法律為切實發揮規範社會生活的功能，就不能與其社會生活的內容脫節。科技發展如果改變社會生活之內容，法律即不能不求適應而作必要的變革。再說，現代國家，尤其是實行法治的國家，為達成施政目標，無不依賴具體的法律；發展科技，自亦不能例外。不過，修訂法律以適應社會生活或利用法律以實施具體政策，都牽涉價值判斷或選擇取捨問題。必須審

1　參閱 Jack Douglas, ed., Freedom and Tyranny: Social Problems in a Technological Society 書內各文（Alfred A. Knoff, New York, 1970）。

慎為之，法律始能完成其保障人權、伸張正義之使命。

質言之，在利用法律以發展科技時，應發展何種科技，如何確保科技發展已獲得之利益，以及如何防治科技發展所產生之弊害等問題，均入法律範圍以內；有的屬於法理，有的屬於立法，有的則屬於法律之執行。以下即進一步試加分析；不過，科技發展究以西方經驗為先，其與法律之關係，亦以西方經驗為富；故分析討論所根據之事實與理論，不得不以得自西方國家或社會者為主。此外，並擬就科學、技術與社會生活以及法律與社會生活，先有所說明：其內容雖或已為大家所熟知且與本題似無直接關係，但對本文以後的分析討論，則有很大的幫助。

貳、科技、法律與社會生活

人類聚族而居，為改善生活，很早即知利用技術；最明顯之例，就是各種簡單工具之發明。利用工具之結果，終會提出疑問：何以某一工具竟能產生某種作用？此即促使科學萌芽的主要原因之一。由於科學之漸進，對於自然世界，說明了物理，解析了化學；使人類更知利用自然，更能發展技術；於是耕牧有術，染織有術，營造有術，交通亦有術。食衣住行之需求以外，如何更有效進行戰爭及克服疾病等，亦無一不促動科學之研究，刺激科學之進步；尤其技術產生之儀器，對十六、十七世紀形成之所謂「科學革命」，更有過極大的貢獻。

但在另一方面，科學之發現又均有助於改進原有的儀器或創製新的儀器；此種相輔相成的過程不斷加速，至十九世紀而更顯得重要。不過迄十九世紀止，一般言之，科學家從事研究多只求擴展人的知識與經驗，而並無任何實用興趣。二十世紀以來，工業研究實驗室日漸設立，利用科學發明以製造大眾可用的器物；使利用發明之效率大增，為科學與技術間之關係，帶來革命性的變化。現在每一開發國家之大工業，無不設有研究實驗機構，亦可說無不聘有從事基本研究之科學家。因為從獲得基本研究的結果，到應用於發展新製品與新製法，所需時間大為縮短；從經濟之各方觀點看，都值得如此。這種科學與技術相互間明確而立即的影響，表示科學的新觀念與新發現可以快速轉變為技術或器物。同時，新技術亦即刻可用於推進科學的繼續研究；一來一往似永無止境[2]。

以上簡略說明，在指出就人類社會生活歷史而言，技術遠早於科學。其後技術刺激科學進步，而科學復促使技術發

2 參閱 Robert Bruce Lindsay, The Role of Science in Civilization (Harper & Row Publishers, New York, 1963), Chapter 7.

展，二者關係終至牢不可分。我們最關心的是科技此種快速發展之結果，人類社會生活隨之發生快速的變遷，為人類帶來各種前所未有的社會問題。此種社會問題之解決，必須從法律與社會生活的關係談起。

羅馬人一句法諺說：「有社會必有法律」（ubi societas ibi jus），意指凡有人類群居之處，必有若干共守的規則以維持團體生活。這是遠古以來史實證明而不爭的；故又說「法律是社會生活的規則」。不過所謂「法律」，在起初簡單社會裡，常是宗教性或道德性的風俗習慣。後來生活內容日繁，始逐漸產生具體的條文與判例。

法律既在使人類能營社會生活，其最基本的任務即在維持一般治安與秩序。任何活動都只有在秩序井然的環境裡，才能順利進行；高尚的文化活動尤其如此。自人類知識日開、經驗日豐後，各種生活目的與需要隨之增加，法律之任務即不能再限於治安之維持，而須要直接間接去達成各種目的及滿足各種需要。所謂法律維持社會生活秩序或完成社會生活目的，簡言之，不外以規則命令一般人有所作為，或者禁止一般人有所作為。此種規則必須為一般人所服從，始生效果，因此一般人為甚麼要服從法律，或為甚麼應該服從法律，即須有所說明。

自現代國家出現以後，主權之觀念建立；法律與國家及主權結合之說，極為盛行。譬如實證主義的法學（positivistic theories of law）即主張法律乃國家以權力為後盾而制定或承認之規則；凡國家有權機關，依一定程序所頒布的任何規則，都是法律；不加遵守即受制裁。因此，法律之強制力也就是遵守法律之原因[3]。現代社會之法律多由此方式產生，無可否認。不過，社會法學（sociological jurisprudence）提醒我們，每個社會各有其不同的傳統背景與現實環境，一般人之生活目的與需要即每有不同。制法之權固在國家，但制定之法律如與社會生活之目的與需要不相配合，必致事倍功半，終難有效施行。換言之，依社會法學之見，遵守法律之根本理由，乃在於法律適合社會生活之需要[4]。

社會法學之理論，確能說明法律與社會生活二者關係之重要的一面。不過，社會生活之內容既常屬自生自發之結果，所謂社會生活之目的與需要，無法均經合理的考慮；因此顯然不能一概作為法律之準則，而必須經過選擇與取捨。如此，法律致力實現之目的及致力滿足之需要，始能有助於人類福祉之促進。此為價值判斷問題，其標準必須得自作為判斷對象之社會目的與需要本身以外。就此等問題之探討而言，自

---

3 參閱 Wolfgang Friedmann, Legal Theory, 5th edition (Stevens & Sons, London, 1967), p.260.

4 Ibid., pp.247-251.

然法學（natural law jurisprudence）以及其他價值取向的法學理論（value-oriented theories of law）致力最大，貢獻亦最多。

譬如自然法學即認為，人具有理性，藉理性而知何種活動有助於完成其自然的目的，從而亦知何種活動對其有益或為其所應為。換言之，人之本性為行為之終極準繩；合於人性或有利人性發展之行為，乃有益者應為者；違反人性或不利人性發展之行為，乃有害者不應為者；一切人為的法律悉以此種客觀而絕對的標準為其依歸。迨十七、十八世紀時，自然法思想轉變為自然權利（natural rights）之理論，強調人與生俱來之若干權利，如生命權、自由權、財產權等為發展人性所必要，不可剝奪；一切法律均應以此為最高原則[5]。

從以上對西方主要法律思想之簡單說明，即可知國家為規範社會生活而制定法律時，如能在發展人性與提高人權之原則下，兼顧過去與現在的經驗，則法律對促進人類文明，必能盡其一臂之力。

---

5 參閱馬漢寶，〈自然法之現代的意義〉，原載《社會科學論叢》第十七輯（民國五十六年），國立臺灣大學法學院刊行；收入馬漢寶，《西洋法律思想主流之發展》，國立臺灣大學法學叢書（98），（民國八十八年五月）。

參、法律與科技發展

在以上引言性的一節裡，已經指出人類共營生活，自始即不能沒有法律；同時也曾說明人類共營生活，自始即與技術不可分。後來技術激發科學，科學又促進技術，科技乃幾合而為一。由此不難了解，法律與科技，在人類社會生活裡很早即發生關係，而且一直保持關係。舉最簡單的例子，譬如在以馬車或汽車為主要交通工具之社會裡，總有若干交通規則維持秩序。制定這些規則時，即不能不對馬車或汽車之運作有所認識。事實上，從以後法律與科技二者發展之過程觀察，彼此間之關係是相互的。科技既影響法律，法律也影響科技。譬如一個社會之主要交通工具從馬車進步到汽車時，原來的交通規則即不能不重新制定，以適應新的交通工具。同時，新的交通規則為增加安全起見，亦常要求通行該社會的汽車改善設備，而迫使科技作進一步的研究與發明。不過，法律與科技發展彼此間關係之密切，通常我們已經不易想像。至於以後法律與科技發展之關係，對人類社會可能產生如何之影響，更不易為我們所預料或明瞭，而亟待共同加以探討。現在擬先指出法律與科技發展之間最基本的一種關係，作為開始。

我們都知道，法律雖可具有強制力，並不能直接命令某些人成為科學家或技術家；也不能迫使某些人一定發明或發現，因為這些都不是強制力所能獲致的結果；但是法律可以間接促成這些結果。我們以上說過，法律之基本任務在維持秩序與治安，有了秩序與治安，才能進行其他活動；則科技發展這種自由自發的高度心智活動，唯有在法律能夠確保之安全環境下，始有見功之機會。動亂不安的國家，很難發展科技，其故在此。所以法律實係為科技發展提供最基本的條件與環境。至於以後法律任務擴大，利用法律以改善科技發展之條件與環境，則留待下面討論。

一、十六世紀至十九世紀之科技與法律

西方社會之科技發展雖可溯源至希臘，但真正的突破，應在十六、十七世紀時期。追根究底，則可歸因於文藝復興與宗教革命；其結果，使個人脫穎而出。由於身體與心靈兩方面均獲得自主與自由，個人追求知識與財富，機會日增，欲望日強。在所得之成果中，科學與技術之發展以及二者與資本主義之結合，可說是最為顯著而驚人的一項。而財富之積聚與中產階級之形成，卒使整個西方社會為之改觀，同時也助成了現代國家之興起。在此一廣泛的社會變遷過程中，自然法思想曾發揮了極大的力量。上面說過，自然法思想本以人人具有理性為立論基礎，故人人皆知何者應為以充分發

展本性。自此一思想演變成自然權利之說後，轉而強調人與生俱來之權利，如生命權、自由權與財產權，非法律所賦予，亦非法律所可剝奪。科技之發展，原係個人追求知識與財富而得之成果；個人自由追求知識，致力積聚財富，在自然法思想及自然權利理論之支持下，乃成天經地義。因此而導致之科技發展，亦屬理所當然。

不過，此一時期法律與科技發展之關係，如與現代國家之興起併看，或更易了解。在封建制度與基督教會維持的中世紀統一局面崩潰後，先是君主專制的國家建立；主權者為鞏固統治，最有效的方式即是依賴有強制力的法律。在另一方面，科技發展助成的資產階級，為求安享已有的成果，一則支持專制的君主，一則亦要求其法律保障既得的財產利益；並對追求財富的努力，儘量不加過問。迨現代民主法治國家初興，強調個人自然權利之學說，使原為理論上的天賦人權，非但擴充為憲法保障之基本人權，更具體成為實證法律所保護之個人權利。此種以個人的權利與自由為中心之法律，在基本理論上是認為，個人利用自己的意思與能力去自由活動，既可增加個人的福祉，亦可促成社會的進步。因此國家的權力，對於個人的活動，非有必要不應干涉。這種理論所產生之法律原則，就科技之發展而言，當以「契約自由」及「所有權絕對不可侵犯」二者，最直接有關。換言之，為發展科技，個人與個人有自由在任何條件下，締約從事心智或體力活動。同時，為發展科技，如何使用或處分其財產，個人則保有絕對的自由。十八、十九世紀科技之發展，可說突飛猛進，而卒能促成工業革命並使之繼續前進[6]。此種成果，得力於上述法律制度者，甚大。可以工業革命肇始於英國此一事實為例，略加說明。

十八世紀時之英國，在多方面均不若其他西歐國家富有，在政治上亦不能稱為民主；實非具備工業革命最佳條件之所在。但與歐洲大陸國家相比，英國較為開明。尤其，當時的理論強調國家權力之行使，只在保障個人的自由權與財產權而不應擴大，英國更切實付諸施行。譬如，國會曾將有關專賣及妨害或限制自由競爭之法律，次第予以廢除。凡此對於科技在英國之發展，以及工業革命之所以在英國發生，可說均有幫助[7]。

十六至十九世紀之西方社會，終於成為一個個人主義與資本主義的社會，需要保障個人權利與利益的法律。而西方各國在十九世紀中陸續制定之統一法典，正好能滿足實際與

---

6 例如熱力學理論之建立與蒸汽機之製造，電磁感應作用之發現與發電機之發明，參閱註 2 引書。

7 參閱 Edward McNall Burns, Western Civilizations: Their History and Their Culture, 6th edition, (W.W. Norton & Company, Inc. New York, 1963), pp.665-667.

理論之需要。例如，除上述有關契約與所有權之原則外，凡有侵害行為時，個人非有過失不負責任；法律非有明文規定，不犯罪亦不受刑；而罪刑亦僅及於侵害行為人個人；凡此均為法典之重要制度。因此，迄十九世紀之末，西方法律與西方社會生活，確實配合無間；在西方，既為人帶來樂觀與希望，亦使人深信實證的法律可以自給與自足。

二、二十世紀以來之科技與法律

自十六、十七世紀至十九世紀數百年間，科技之發展的確使人類生活有了空前的改善；科技之利，已無人置疑。不過，十九世紀與二十世紀交替之際，科技之不斷發展，導致工業革命之不斷前進。其顯著徵狀，約言之，如工業農業之同時機械化，電力之廣泛用於工業，工廠制度之日益擴張，交通與通訊之急遽加速等均是[8]。其結果，西方社會又生巨變，種種新的問題與糾紛隨之而起。原先深具自信的法律制度，亦日益感覺窮於應付。例如，利用科技成果之工廠，其主人可以使工作人員或工人，在極為苛刻不仁的條件下受其僱傭。因為根據契約自由之原則，法律不能干涉。利用機械之工廠林立後，機器傷害工人之事件層出不窮；在無過失不負責任之法律原則下，竟致無人負賠償之責任。為發展科技

8 Ibid., p.663.

或利用科技，土地所有人可任意在其土地上進行排放廢水或煙氣之活動，侵害鄰居利益。由於法律規定所有權人行使權利並無任何義務，受害者乃陷於求助無門。凡此皆顯示，發展科技與利用科技，可以產生弊害，而造成社會上之不公與不平。換言之，個人權利與自由過份放任之偏差，保護個人權利與自由之法制無能加以糾正；此亦即社會法學所謂法律與社會生活脫節之嚴重的一端。

所幸，西方法律頗能及時順應社會變遷，採取適當對策。所有權附帶義務之理論提出後，所有權之行使必須同時顧及公共利益；各國次第採為立法根據。種種有關社會福利之制度，亦陸續得獲建立。至於契約自由，亦加適度約束；工人薪資最低數與工作時間最多數之限制，即為著例。雖然，科技之發展，近數十年來一日千里，其利用更日益遍及人類社會生活之各面。所造之福利，著實驚人，固已為眾所週知；但附隨而來之弊害，同等驚人，亦為一般人日漸所深曉。此與前一時期共同確認科技發展之利，而未能普察其害之情形，大有不同。究其故，科技發展之性質與程度，前後差別甚巨，可說是主要原因之一。前一時期科技發展之成果，雖不能與今日相比，但因屬新奇，其利易見。而其害，則因活動範圍有限，與今日相比，自屬不大而遂亦不顯。因此，前一時期之法律配合科技發展之利，得心應手；而對付科技發展有限的弊害，亦行有餘力。但近數十年科技發展所產生之問題，牽涉深廣，其與法律之間的關係如何，乃非輕易可以明瞭。

首先，科技發展與工業革命之相互刺激，使現代社會快速工業化且日益工業化。繼之，科技發展之利，使人口倍增，並大量向都市集聚而促成社會之都市化。工業化與都市化社會生活之內容，無論食衣住行，工作或休閒，無不受科技成果之影響。言其利益，除上述生活內容各方面之普遍改善以外，一般人疾病之克服，健康之維護，知識與經驗之增廣，皆其大者。但論其弊害，則一切消費物品，個人身心、人際關係，乃至景觀、環境，凡與日常生活相關之其他事物，幾乎無一不被波及。此外，原有的權益，由於科技之發展而擴增後，反多受到侵害。至於晚近太空之旅行，已使科技發展遠及人類寄生之地球以外。生物遺傳方面之發現，則已使科技發展深入人間未來之生命；而原子之分裂，更可使人類根本消滅。難怪有心人士要問：科技往此等方向發展，究竟與人類有何裨益[9]？

由此觀之，科技發展當前的緊要問題，似有二：其一，對科技發展已產生或必將產生之弊害，如何防治？以及對科技發展帶來之利益，如何保障？其二，對今後科技發展之方

9　參閱 Joseph Wood Krutch, A Plea for Moral Choices, (in Dialogue, vol.2, no.4, 1969), pp.46-47.

向，如何確定？既然無一國家不求發展科技，上述問題在任何社會早晚必然發生。為這些問題提供妥善的答案，顯然已非科學家、技術家本身或任何幾種專門學者所能擔任的工作，而須要所有關心人類前途之人文學者及社會科學者共同的努力。法律既是人類社會生活不可缺少的規則，法學家、立法者、司法者探討如何憑藉法律，以協助解決當前社會如此緊要的問題，更屬責無旁貸。

事實上，自從科技發展於十九世紀末及本世紀初顯露其弊害以後，法律之任務即已不限於維持治安與秩序，而開始發揮保障人權伸張正義之積極功用。法律，一般言之，是具有強制力的規則；面對科技發展之二項問題，一國政府決定發展某種科技，進行防治科技運用所生之弊害或保障科技發展所得之利益，最有效的方法當然是立法一途。

按所謂法律乃社會生活之規則，析言之，乃指凡關大眾之事，法律即加規範；或只關大眾之事，法律始加規範。當前科技發展最大特徵之一，即一切成果幾乎均可大眾化；小自食衣住行日常所需，大至電腦資訊傳遞知識與經驗，莫不如此。換言之，科技發展之成果，可說無不與社會生活有關。就此一點而言，科技之事，實無一不可成為法律規範之對象。

在現代民主法治國家，法律原是大眾之代表集思廣益之結果，為大眾之力量所支持。與大眾之利害如此相關之科技發展問題，使歸法律規範，應無不宜。其實，如廣泛觀察，上述推理隨處可以獲得佐證。不妨即以有關科技本身之事為例，說明之。譬如，發展科技先須羅致人才，即有制定「科技人員任用法」之必要，使遴用有法律依據；既可達到公平，亦可避免破壞考試用人之制度。又如尖端科技，分工細密，需要足夠的設備與經費；亦即有制定「科技管理條例」之必要。事實上，上述小自日常所需，大至電腦資訊等均涉大眾之事，目前或已在法律規範之中，或正入於法律規範之內。由此以往，其例實不勝枚舉。

基於此，作者願試提「科技法治」或「科技發展法治化」之議，以就教於國人。所謂「科技法治」不是指法律干涉科技之發展，而是指科技之事，凡影響大眾生活，關涉公共利益者，悉由法律處理，悉依法律處理。科技發展之利害既為全世界全人類所共，上述「科技法治」之推動，國家有此必要，國際亦有此必要。惟此處所謂「法治」之「法」，非僅指實證的法律而言。實證法為有權機構所制定，且可強制予以執行；或可保有效，但難常保合理公平。「法」有更高原則，在今日，可說即是保障人權伸張正義。必以此為鵠的，實證法始能不失合理與公平。此合理與公平之觀念且須顧及社會實況，無論個別社會或國際社會皆然。如此，可使「法」更易有效推行，以達「治」之境界。

如就以上所提第二問題而言，像在我國，科技發展政策之決定及經費之籌措，原由中央政府負責。事權相當統一，實行時，應比美國之向賴私人研究機構、基金會及大學等各方面合作而完成者，較為容易。雖然，發展某種科技，對以後整個社會生活，常影響深遠。決定政策時，仍以顧及本國社會之文化傳統、現實環境，乃至人類之終極目標為上；而不宜悉依外國經驗。換言之，除科學家外，應有人文學者、社會科學者包括法律學者在內，參與製作此種決定。如此，將來立法時，當可期更合情理；實施時，亦可減少阻礙與弊害。

至於第一問題，目前在我國其緊要性，或不亞於第二問題。為保障科技發展已得之利益，以及防治科技發展所生之弊害，須視利益與弊害之性質如何，分從不同種類的法律著手。例如，新型科技活動所造成之權益損害，如何確定其責任而獲致賠償，多非原有的民事法律所能應付，而有待新的理論與立法加以代替或輔助。各種公害以及一般商品、食品、藥品所致之損害中，均有著例[10]。又如商標、專利及著作權等智慧財產權，因科技發展而形態大變，亦使傳統法理與制度，難能有效予以保障，而亟須另謀改進[11]。至於因科技發展

10 參閱邱聰智，〈科技發展與危險責任法制〉，《社會文化與科技發展研討會論文集》（民國七十二年，行政院國家科學委員會刊行）。

11 參閱楊崇森，〈科技發展與智能財產權〉，《社會文化與科技研討會論文集》，（行政院國家科學委員會刊行）。

之結果，而致犯罪之對象及種類擴增，亦多須創立新法以為對策；諸如生活環境之保護，電腦資料處理與科技秘密之保護，以及電腦犯罪等，均為刑法上亟待解決之問題[12]。

科技發展所引起之法律問題，立法解決固為根本之途，但適用法律以實際排難解紛，仍賴司法機關。由於新起之法律問題每多牽涉高度科技知識，常非一般司法人員所能勝任。因此，科技時代之司法機關，至少應設專業法庭，由富於專門科技知識與經驗之司法人員組成，專事處理與科技有關之案件。至於負責執行有關科技法令之各級行政機關，尤須有具備充分專業知識與經驗之人員，始能公平解決日新月異的科技問題與糾紛，而令有關當事人心服。

由此亦可見，科技發展必然影響法律教育及司法教育，因為上述立法、司法及行政上之興革工作，均須從教育開始。至於科技發展之成果用於法學教育及司法教育，則又另為一事。

肆、結語

科技可以富國，科技可以強兵，科技能利民，科技更能滿足人類求知慾望。因此，科技無異將繼續發展。但是面臨

12 參閱林山田，〈科技發展與刑事立法〉，《社會文化與科技發展研討會論文集》，（行政院國家科學委員會刊行）。

科技已經發生以及可能發生之災害，我們都知道科技發展已不只是科學家本身的問題，也不只是政治學家或經濟學家的問題，而也是哲學家、神學家以及所有關心人類前途的人文學者與社會科學者共同的問題。只要人類社會一日存在，作為人類社會生活規則的法律，對當前科技所引起之問題能發生何種作用，法學家、立法者及司法者，理應亦有所關心，而與其他學科之學者協力以覓致解決之方案。

從歷史上看，法律與科技發展，關係至為密切。就法律旨在規範社會生活而言，科技一日影響社會生活，即與法律不可分。既然科技發展之成果驚人，而直接關涉人類之禍福，法律多加規範，在民主法治國家中，尤無不妥。為此，提出「科技法治」之議，期使科技之發展，能在保障人權伸張正義之大原則下，有效進行，且與自己的社會生活保持協調。西方學者曾經指出，問題不在人類能否控制科技，或科技是否控制人類，而端在人類能否控制自己[13]。上述「科技法治」之期望，能否實現，最後亦在我們自己。

---

13 例如 Melin Kranzberg Technology and Human Values, in Dialogue (vol.11, no.4, 1978), p.29.

第十一篇
法律教育與國家考試*

目次

壹、緒言

著者從事法律教育工作，已逾三十年；主要是在臺大教書。惟在過去十一年間，卻有十年是同時在考試院擔任考試委員；非但參與國家考試政策之決定與施行，凡與法律有關的國家考試，更實際從事考選的工作。因此，對於法律教育與國家考試二者，都有一些認識與經驗。

學習法律的人，將來總要進社會或政府去用其所學。不過，進社會或政府工作，多須參加國家考試。一般公務人員

* 本文原載《輔仁法學》，第四期（民國七十四年一月），輔仁大學法律學系暨法律學研究所刊行。於結語內略加補充，收入本書。

固非經考試不能任用，與法律專門知識有關的人員，如司法官、律師、書記官、公證人、觀護人以及行政機關的法制或法務人員等，亦必須經過考試。所以，就以「法律教育與國家考試」為題目[1]，分幾點加以討論。

貳、總說

法律知識，在實行法治的國家，人人都須具有。但法律教育並不在為一般人提供法律常識，而是以培養專家學者及訓練專業人員為目的。前者多從事法學研究與法律教育工作，後者則多擔任司法與其他執行法律的工作。前者固亦常須以考試定其資格與能力，但不屬於考試院國家考試的範圍。後者則歸考試院考選；而此部分專業人員，主要為推事[2]、檢察官與律師。三者均為高等考試的對象；即應考資格為專科以上學校相當科系畢業；或經高等檢定考試相當類科及格；或經普通考試相當類科及格後，滿六年或並任有關職務滿四年。書記官則為普通考試的對象；應考資格，除高考應考資格之前二項外，為高級中學畢業或高級職業學校相當科別畢業，

1 本文原係著者於七十二年十一月九日，對輔仁大學法律學系全體師生所作專題演講之內容。使用之各項資料，均係以當時的實際情況為根據。

2 現已改稱「法官」，以下同。

或經普通檢定考試相當類科及格。

至於檢定考試，原在救濟失學的人，使亦有為國家社會服務之機會。故已經在學的人，按理不應加以利用，以免阻礙別人的出路。在過去，法律系學生未畢業而以檢定考試取得應高考之資格者，不在少數。但現在已限制非到二十二歲，不能參加高等檢定考試。

學法律，本來不一定做司法官或律師；而應該多進政府各級機關及私人企業，方為推行法治之有效途徑。事實上，除公證人與觀護人原與司法業務有關外，公務人員考試中，普通行政人員有法制組，金融人員有法務組，均為法律系學生宜考之類科。尤其後者，只有法律系畢業生始准應考。至於其他各類行政人員，法律系畢業生向來亦具有應考資格，更不在話下。雖然如此，法律系學生，總以能通過司法官及律師考試為主要目的，確是實情。因此，以下具體談法律教育與國家考試，即以司法官（包括法官與檢察官）與律師的教育，及司法官與律師的考試為對象。

參、司法官與律師所受之法律教育及所經之國家考試

在司法官與律師所受之法律教育及所經之國家考試方面，有二個問題值得討論，即：一、修習科目與考試科目，二、教學方法與考試方法；茲分別言之：

一、修習科目與考試科目

在我們採法典制的國家，主要法典如民法、刑法、民事訴訟法、刑事訴訟法及商法等，在學校都必須修讀；在國家考試中之司法官考試與律師考試，也屬必考；故可稱之為核心科目。至於強制執行法、破產法、國際私法、國際公法、法理學、中國法制史等科目，在學校雖屬必修，在國家考試則非必全考；故可稱之為邊緣科目。例如目前在司法官考試，考強制執行法及國際私法；在律師考試，則考國際私法，強制執行法及破產法；彼此已稍有出入。如就過去三十年間之情形而論，則司法官考試與律師考試分別須考之此類科目，都有相當變動。譬如司法官一度須考法院組織法，一度須考中國法制史，一度須考破產法。律師考試一度須考行政法，一度也須考中國法制史。每一增刪，都有理由。願就此類邊緣科目中，舉個人比較熟悉的「國際私法」為例，略加說明。何以司法官與律師須通曉善用此法律？自外國人投資及國際

貿易大增後，涉外民商案件日多，乃必然的趨勢。涉外案件有時須適用外國法始為合理而公平；如何決定是否適用外國法？以及如何適用外國法？是專門學識，有其本身的理論與實際；並非精通內國法律者所當然得知。無庸諱言，我國一般司法官與律師，對涉外案件常存畏懼之心；從而時常導致涉外案件不以涉外案件處理，儘量適用內國法解決了事；損害我國司法之國際形象非淺。對任何事不充分了解，沒有把握，始會有畏懼之心。所以司法官與律師對涉外案件之處理，亟待重視與加強；這也是多年來國家考試要考國際私法的理由。

不過，社會日益工商化與都市化，科技又快速發展；隨之而起的法律問題，也日新月異。例如商標、專利、著作權等智慧財產問題、經濟犯罪問題、環境保護問題等，都或需修正原有的某些法律，或需制定新的法律，以資應付；因此學校所教的法律科目多有所增加。不過，國家考試所考的科目，是否也應隨之擴增？如應擴增，應增那些科目？誰作決定？凡此必有爭議。按理，為使司法官與律師善盡職責，自應增加考試科目以加強其能力。至於誰作決定，或謂考試應領導教育。考試機關確有此機能，國家考試如決定考某科目，學校及學生即非加重視不可。事實上，教育早已受考試影響。凡國家考試須考之科目，學生均注意研讀，多肯上課；凡國家考試不考之科目，學生即忽略或缺課，以致影響教者之情緒。

但也有主張教育應領導考試者；例如多年前，曾有大學以為各級政府機構均有立法工作，建議「法制人員」考試加考「立法技術」一科；用意不為不善。但考試機關調查的結果，以僅一、二所大學有類似課程，不夠普遍而未加採用。不過，今年（七十二年）高考普通行政人員法制組忽然加考該一科目。因一般學校尚無此一課程，坊間亦乏此類教科書或參考書；如何命題，即遇困難。但國家考試如繼續加考此一科目，學校可能不得不加開此類課程。果然，仍是考試影響教育，而不是教育影響考試。

教育領導考試，非不可行；如學校為應社會實際需要，一律加開與上述新起法律問題有關之課程，國家考試即理應考慮加考此類科目。惟課程之增減，常牽涉教育主管機關之政策，而非學校可以自己作主。如最近教育部將執行劃一減少必修學分之政策；其結果，法律系若干傳統上必修的科目，如法學緒論、行政法、國際私法、國際公法、中國法制史、法理學等，均將改為非部定必修科；對法律教育自有影響。事實上，已有大學法律系，因此而停開法學緒論課程。

基於此，就司法官與律師考試應考之科目而言，其增刪調整，考試機關應針對司法工作或業務之需要，與教育機關（包括學校）及司法機關，溝通後而作決定。否則，所學、所考及所用，不能配合；影響司法，乃至法治之前途，可想而知。

二、教學方法與考試方法

在法典制國家，傳統的教學方法，主要都是採講解方式；以條文與理論為對象，從事分析與解釋。但司法官與律師，必須實際適用條文以處理個案。所以教者除講解條文以外，要使學者面對條文能知如何加以適用。因此，對條文耳熟能詳，固為自己方便，卻非必要；更非考試之目的。在教學方面，早已逐漸改變；即日益利用個案分析，以訓練學生適用條文之能力。不過，考試機關之反應，可說很慢；以致不少法律科目之考試題目，仍出自條文本身；對日後處理實務，無所裨益。

關於考試方法一點，願就個人直接所知，作一說明。本人在擔任考試院考試委員期間，曾經於準備多年之後，提出一項建議，即：自律師考試開始，專業科目命題以實例為主，並附發條文。換言之，論說題可出，條文題即不可出。此項建議，原係參照先進法治國家之經驗及國內學術與實務界之意見而作成；幸獲考試院院會同仁之支持，得以逐年實施。至去年本人離開考試院時，已有三科如此，即民事訴訟法及刑事訴訟法，強制執行法及破產法，國際私法；不失為一種突破。原期數年後，專業科目之其他三科，即民法、刑法、商事法，亦均能於考試時參閱條文；並進而適用此項辦法於司法官考試。不意近來考試機關方面，忽有反對之議；認為法典制度下的學生，在學校缺少應付實例之訓練與能力；因此國家考試不宜用實例題，亦不必附發條文。雖僅一、二人之主張，竟仍使原已實行附發條文之科目，減少其中民事訴訟法及刑事訴訟法一種。因事關法律教育與司法前途，故不能不提出籲請注意。事實上，司法官及律師考試之專業科目，一向均曾考實例題，不能加以限制；現在只是不再要求應考人背條文而已。於此，亦可見推行一項改革之不易。但願來年律師考試，能恢復原已執行多時之政策，即專業科目考試附發條文。並願不久的將來，司法官考試亦能執行此項政策。如此，必可使法律教育的方法逐漸脫離專研法律條文的窠臼，大有助於培訓稱職而勝任之法律人材。

肆、司法官與律師二種主要國家考試之檢討

司法官（包括法官及檢察官）與律師所受之法律教育，目前雖屬一致，但所經之國家考試以及訓練，卻非如此。從其後果觀之，是極值得注意的問題。可分二點言之：

一、司法官考試與律師考試辦法不同之情形

司法官考試，過去原則上為公務人員高等考試之一種類

科；僅在民國四十三年及四十四年各辦過特考一次，並在民國五十年加辦過特考一次。而律師考試，一向為專門職業高等考試之一種類科。此種分別，自有其道理。至目前為止，二種考試應考人所受之正規大學法律系教育，全無二致。惟二種國家考試之制度，則頗有出入。除考試科目及考試方法有以上所說之不同外，應考資格也不一致。舉例言之，應考律師之主要資格（第一款），限為國內外法律系科畢業者，而應考司法官之同款資格，則為國內外政治、法律、行政各科系畢業者；一嚴一寬。不過，最主要的一點，乃在司法官考試自民國五十九年起，改為特考。特考之特色，在由有關機關請求考試機關辦理，並由有關機關參與擬定辦法，包括應考資格、考試科目、考試方法、錄取標準等。且請辦機關本身之人員，常參與典試工作，如命題、閱卷等；此與高考之一切全由考試機關自己決定者不同。此外，特考為應機關用人需要而辦之任用考試，一向預定錄取名額；而錄取標準，則得由典試委員會配合需用人數予以升降。故在過去數年之司法官考試中，因需人較多而錄取較多之幾次（如民國六十七年取一百五十名、六十八年取一百零八名、六十九年取一百十八名、七十年取一百三十四名），其錄取標準多在六十分以下。至於律師考試，則如同其他專門職業高等考試，一向必須各科平均達到六十分始為及格。雖法無明文不許典試委員會提高或降低及格分數，但極少降低標準之例。且因無所謂需用名額，亦無必須錄取的人數；致多年來及格人數均偏低。自民國三十九年至五十九年之二十年間，律師考試及格人數每年在十名以上者，僅有九年。至於近十年情形，願就個人直接所知，略作說明。

按考試院有一良好傳統，即尊重專家意見。本來考試院院會為會議制，遇專門問題，雖須共同商定，卻常以專家委員之意見為重。故部分委員一向來自專家學者，如農、工、醫、法、商等；而專家委員也須就有關之專業事務，多負其責。因此，本人在考試院十年間，對律師考試，曾不斷予以關心；幸得見錄取人數，自每年十名逐漸增加至五十名。但引以為憾者，去年及格人數又降至六名；當時本人已離開考試院。

上述律師考試情形，如與司法官考試情形比較，頓時使人感覺，考司法官容易，考律師難。時間一久，自然引起責難：何以同一應考人或同一教育背景的應考人，能考取司法官，卻考不取律師？或謂命題評分方式須加改進，雖非全無根據，但不是律師考試獨有的問題；司法官考試同樣難免。坦白言之，最主要原因，仍在於司法官考試之錄取標準，必要時許其降低，而律師考試則不許。因此，命題評分技術自當不斷改善，但如想確保律師考試及格人數接近合理，除非使錄取標準具有伸縮性外，恐難得更有效的辦法。至錄取標準如何伸縮，則可先衡量社會各方面之需要，然後預估名額，以為斟酌之依據。今年（七十二年）律師考試，已與其他專門職業及技術人員各類科考試，一同降低錄取標準為五十八分；乃能錄取律師四十四名，值得欣慰。

二、司法官考試與律師考試辦法不同之後果

上述司法官與律師考試辦法不同之情形，最值得注意者，為其所造成之後果對於司法官之影響。本來因為社會日益工商化，律師業務隨之發達。由於律師收入一般均較司法官為高，遂形成司法官熱中轉業之趨勢。且律師考試較司法官考試為難，使欲作律師者競先考取司法官，然後藉檢覈方式取得律師資格；更助長轉業之風氣。其結果，使司法官中較具經驗而年富力強者，常陷匱乏狀態；從而有關機關必須多辦特考，並常須降低標準以達補充之目的。久而久之，自難免影響司法官之素質。

社會各界——包括法界在內——常以律師考試之正門太窄，而檢覈之方便旁門則敞開，責備考試機關。殊不知藉檢覈方式取得律師資格最多者，即司法官。在過去十年間，考取律師者為二百三十一人，而推事、檢察官藉檢覈取得律師資格者為三百四十六人。如從三十九年算起，則前者為

五百十九人，後者達一千零九十人。至於用其他資格檢覈而取得律師資格者，則均日益減少。上述發展，如繼續不斷，必致造成下列令人憂慮之情況：司法官工作成為律師之養成教育；律師之品質，一般高於司法官。

誠然，律師為廣義司法人員之一種，乃實施法治不可缺的一環；其重要性不應低於司法官。惟司法工作，因司法官學識及經驗不足而致悖理失平，其後果遠較律師執行業務不善，更為嚴重。我們無意完全模仿美國；不過，美國上訴法院以及更高級法院之法官，一向均從品德、學識及經驗俱優的律師中選任。此種由律師養成司法官之傳統以及其績效，甚有可加贊許與借鏡之處。

伍、結語

綜合以上個人的觀察，對於法律教育與國家考試如何可以改善司法官及律師之素質與工作，提供下列二點管見，以就教於高明。

1. 司法官與律師之教育，應加強品德之培養

學校的法律教育，除兼顧理論與實際以外，應加強品德課程與生活輔導；統由普受尊敬而能施身教之專家學者與法

官律師主持其事。如此，使有志任司法官者，得早受薰陶，而習知如何堅定其志節；使願當律師者，亦得早藉榜樣，而明瞭如何遵守職業道德。因為目前國家考試，至多只能「考能」，而無法「選賢」。如靠考試錄取後之有關訓練，則為時已嫌太晚，而為期亦嫌過短。

2. 司法官與律師之考試及訓練辦法，應力求一致

二種考試之應考資格、考試科目、考試方法以及錄取標準，均應求其一致。律師考試及格者，亦應與司法官相同。由政府定期舉辦專業訓練，以充實其能力。二者之考訓制度無何差別，非但足以減少藉考取司法官以轉業律師之人數，亦應可平衡發展司法官與律師之智能；進而一併改善二者之形象。

最後，補充說明國家考試已經改革之幾點。其一，律師考試專業科目中，民事訴訟法、刑事訴訟法及強制執行法，如以實例命題，均發給該科法律全部條文。其二，律師考試錄取標準，以應考人數百分之十六為原則。其三，律師考試及格後，基礎訓練由法務部辦理或委託律師公會辦理；實務訓練由法務部委託律師公會或律師辦理。

第十二篇

哲學對法律實務的影響*

目次

壹、緒言

今天是本院七十四年九月份動員月會，黃院長囑我作專題報告，想用「哲學對法律實務的影響」為題。

哲學通常被認為是抽象的理論，而法律實務——無論是立法工作或司法工作——都是實際的事務；因此二者似乎互不相干。其實，如果深一層去探討，哲學與立法或司法，非但有關係，而且關係相當密切。以下就分幾點，把哲學對法

* 本文係司法院民國七十四年九月份動員月會報告，主席為黃院長少谷（中華民國七十四年九月二十五日），原載於《司法周刊》第二三一期。收錄於《思上書屋文集》（臺北：馬氏思上文教基金會，2002）。

律實務的影響，作一極為簡略的報告；而根據的資料都是西洋的。其故在於我國現行的法律，十之八九是模仿西洋的成規；制定及運用這些法律所需要的學識和經驗，也就無法脫離西洋有關的淵源。所以談哲學對立法及司法的影響，利用西洋的資料，可以說是名正而言順的。

貳、哲學與法律

一般言之，立法是制定法律，司法是適用法律；因此談哲學對立法與司法的關係，不能不從哲學與法律的關係開始。哲學與法律的關係，從一件事可以知其梗概。在西洋學術史上，首先提出「何謂法律？」或「法律是什麼？」這個問題，並進而去尋求答案的，不是法學家而是一位哲學家，即希臘的蘇格拉底。而自蘇格拉底以後，西洋每一位大哲學家幾乎都對法律問題發生興趣，而且樂於表示意見。這種情形一直延續到十九世紀中葉的時候，才逐漸告停。所以在西方國家，一向有「法律哲學」這門學問。這足以表示哲學或哲學家並非如一般人所想像，對於與實務不可分的法律問題，漠不關心。不過，剛才說過，十九世紀中葉以後，一方面因為哲學受科學成就的刺激，開始整理自己內部的問題；不願多問外界之事。一方面也因為當時的法律，既受實證法學的影響，實際上又頗能自給自足；於是日趨技術化，終於促成法律與哲學的分家。雖然如此，哲學與法律的關係仍然維繫不斷，只是轉變為法律學者反過來研究哲學；從而得使法律繼續接受來自哲學的助益。其間雖偶有哲學家對法律問題發生興趣，其程度卻不能與往昔相比。今日的情況，仍是一般無二。以下所引用資料，多屬十九世紀中葉以前哲學家的見解，其故也即在此。為免延伸太遠，現在就回到哲學或哲學家對立法與司法的影響本題上來。

參、哲學與立法

自從蘇格拉底提出法學上最基本的問題以後，繼之他的高足柏拉圖（Plato）以及柏拉圖的高足亞理士多德（Aristotle），都在其著作內，充分表露豐富的法律學識。最值得一提的是，亞理士多德奉柏拉圖之命，與柏拉圖主持的學院（Academy）中其他哲學家，曾分批去希臘各邦，實際協助法律修定工作。因此學者認為柏拉圖的學院本身，對希臘法律有過極大的影響；從而間接對羅馬法也有其影響。此外，柏拉圖本人曾堅持，法典非能一次制定完善，而必須有修定的機會，同時法律最好有個「前言」。

凡此，在今日雖人人皆知；但當初柏拉圖提出時，則為新奇而有爭議之事。由此可見哲學家早在希臘時代，已對立法工作有所貢獻。

概括言之，歷代哲學家對立法工作之主要貢獻，可說是提供理想這一點。換言之，立法背後常有一目的或宗旨，也就是一種理想；藉立法可以達成或實現。舉其大者言，如英國邊沁（Bentham）的功利主義，可以說影響英國的立法一百餘年。而洛克（Locke）、康德（Kant）以及其他十七、十八世紀主張個人自由權利至上的哲學，更普遍影響西方各國十九世紀的立法。直到耶林（Ihering）強調「目的」以及繼之強調「利益」的思想興起，又普遍促使西方各國二十世紀的立法，轉趨重視社會全體利益，而迄今不衰。當然立法的理想，如果是哲學家的高見，往往在立法文字本身不易看到；常需從立法理由或原案資料上去找。換言之，一般立法之直接目的或宗旨，常即是一項立法「前言」或前幾條政策性規定之內容。不過如進而探究其根源，不難得知其最後理想之所在。

肆、哲學與司法

司法本在適用已制定或已存在的法律——主要即是所謂實證法——因此哲學如何影響司法，是個有趣的問題。擬先略事探討哲學家在這一方面的貢獻。哲學影響司法最值得一提的實例之一，是紀元前五世紀希臘學者對於「公平正義」觀念所作的下列區別：即有的是自然天成的，有的是人為形成的。這種觀念上的區別，在亞理士多德的著作內被用諸法律問題，而成為「自然正義的法則」與「人為正義的法則」之分。前者不因人因地而異其內容或異其效力，後者則可因人因地而異其內容與效力。此種有關正義法則之觀念，經羅馬時代、中世紀以迄十九、二十世紀，可說未斷發展，而演變成自然法學與實證法學爭論之根據。前者認為自然法高於實證法，而為決定實證法是否有效或公平與否的標準。後者則認為實證法自給自足，不受外來的干涉。

司法工作既在適用已有的法律，則司法者接受哲學的影響，自較立法者多受限制。而且在歐洲大陸法典制國家，較在英美判例制國家，所受限制更大。不過，在已有的法律顯然不足或不合社會需求，又不及以立法改善時，法律為實施公平，有時亦不得不藉司法，自力從事補救。而上述自然法或自然正義之理論，即成為司法者有力的憑藉。歐洲十九世紀中葉以後的「自由法運動」，即為著例。當時西方社會之大幅變遷，使前一時期制定之法典，無力應付。法官必要時，即超越現有法律的範圍，自由尋找公平裁判的根據，以滿足社會的需要。此一運動，亦即是耶林的「目的法學」以及繼起的「利益法學」之先驅或開道者。

在英美國家，法官本可以判例改善司法。判例雖亦常有牢不可破之弊，卻比脫離法典為易。因此哲學影響英美司法判例之例，乃史不絕書。尤其法官運用自然法與自然權利理論之熱忱，更令人注目；此在美國較英國尤甚。美國最高法院藉裁判，既解釋憲法，又了斷實體爭議。其九位法官所受之任何哲學或思想上之影響，均對美國整個國家與社會，發生莫大的影響；實非其他國家所可及。因此美國最高法院判例為哲學影響司法最佳的研討資料。概括言之，美國憲法歷一百九十餘年，能不多加修改而應付美國社會之驚人變遷者，端賴其最高法院法官利用哲學或思想與理論，藉裁判解釋的方式，使憲法能文字不動而意義常新。

最值得注意者，當美國政府為應社會需要而求藉立法以限制個人自由權利時，美國最高法院曾長時期憑藉憲法保障個人自由權利之自然法理論基礎，屢次解釋新制定之法律違憲。其後，當羅斯福總統推行其所謂「新政」（New Deal）時，乃不得不思增加最高法院法官人數以及與其思想相合之法官，以圖新政新法之能獲通過。

凡此均表示美國最高法院有思想、有理論，且忠於思想與理論而求實踐思想與理論。因此，何種人充任美國最高法院法官，即有實行何種思想與理論之可能。由此亦可知法官有思想有理論之重要；而哲學者，思想與理論之結晶也。

伍、結語

以上簡略所言，在舉史實以證明哲學與法律實務——尤其立法工作與司法工作——關係密切。當然，立法者與司法官不能人人都成為哲學家或通曉哲學。但如能具備相當哲學知識，培養對思想與理論的興趣，當可使所作決定與裁判，非但合「法」更能合「理」。同時對於立法者與司法官個人，亦可因「理」得而心安；其利之大，不言可喻。

惟過去哲學家非但提供哲學，同時提供法律哲學，使法律工作者可承現成。今日法律工作者，欲得哲學之濟，則需自己努力去向哲學討教。雖較辛苦，仍值得去做。

第十三篇
近三十年法律與社會變遷之關係*

目次

壹、緒言

今天應袁院長頌西之約，為紀念薩故院長孟武先生八十八歲冥誕作一次演講，想以「近三十年法律與社會變遷之關係」為題，向各位請教。

首先說明，本題是以我國在臺灣近三十年來法律與社會變遷之關係為對象。不過，「法律與社會變遷」本身是個大問題，素有理論上的爭執，也有經驗上的差異：必須先加討論。所以，現在想將講詞分為二部分。第一部分先講法律與社會

* 本文原載，《社會科學論叢》第三十五輯，（民國七十六年三月），國立臺灣大學法學院刊行。

變遷之關係，說明主要的不同見解，以及其理論上的根據。第二部分則以近三十年來我國在臺灣的經驗為對象，講法律與社會變遷之關係。第二部分雖然如此限制，範圍仍甚廣泛；因此想再以「立法工作」及「法律教育」兩方面與社會變遷之關係，作為第二部分之重心。由於薩先生生前擔任立法委員多年，又擔任臺大法學院院長多年；對立法與法律教育，都有很大的貢獻；如此講法或許對紀念薩先生也比較合適。

貳、法律與社會變遷之關係——理論上的基礎

法律與社會變遷，數十年來在世界各國，都是一項常被討論的課題。不過，「法律」與「社會變遷」二者之關係如何，素有不同的見解。其一是強調社會變遷可以影響法律，促使法律改變，而不重視法律具有導致社會變遷之功能。此種見解有很強的法律哲學基礎。西方歷史法學派之薩維尼（Friedrich Carl von Savigny），早期社會法學派之歐立希（Eugen Ehrlich）以及美國社會法學派之龐德（Roscoe Pound），都主張：一個社會之生活需求與公平正義觀念，以及滿足此等需求、實現此種觀念之方法與制度，本來是自生自變的；也應該聽其自生自變，而不須依靠人為的法律有心或刻意加以經營。事實上，法律原為社會生活必要的規則；

何種社會即有何種法律，所以法律反而要配合社會之要求與觀念，以擔負維持治安，排難解紛之基本任務。換言之，法律的工作至多只是參與社會上既存利益衝突之協調而已[1]。依此種見解，社會可因種種原故先自變遷或進化，而使法律落在後面。此時，必須按照社會變遷之情況，改革法律以應付社會之實際需要。此種情形，幾十年來在開發中國家以及已開發國家，均屬常見。事實上，法律原來重視安定，偏於保守，而常趕不上社會之變遷。因此，社會不斷變遷，法律應隨之變遷；此即是法律與社會變遷之關係。

另一種見解，乃強調法律乃是促成社會變遷之最有效的方法。換言之，法律藉公力制裁為後盾，可以強制實施既定的政策或達成既定的目標。此種見解，很容易令人想起自布丹（Jean Bodin）、霍布斯（Thomas Hobbes）以來，強調法律命令說的理論；尤其是奧斯丁（John Austin）分析實證法學之主張。此等學者認為：法律既為主權者之命令，自可強制加以執行，以達到立法之目的[2]。在未開發及開發中的國家，為積極實現各種發展計劃，必然追求速效；此種利用法律以促使社會變遷之情形，最為常見。但即使在已開發甚至高度

1 參閱 Edwin W. Patterson, Jurisprudence: Men and Ideas of Law (The Foundation Press, Inc., Brooklyn, 1953), pp.77-82, 92-96.

2 Ibid., pp.82-92.

開發的國家，由於科技快速發展之結果，社會變遷也須加速，始能應付。因此，常感緩不濟急，而亦須仰賴法律以加速達到社會變遷之目的。因此，法律與社會變遷之關係，即指藉法律以實現社會變遷而言。

以上二種有關法律與社會變遷關係之見解，分別觀之，固各有其道理；但如綜合而言，可得以下結論：藉法律以促成社會變遷，在不同社會每基於不同原因，而均有其必要。惟某項社會變革，無論基於何種原因，一旦實現，如牽涉較廣，實際上即常須社會上各種制度均配合改變，始能發揮變革之功效。法律原為社會重要制度之一，既為促成社會變遷之主要力量，復常為社會變遷整個程序中不可分離的核心部分。尤其，當法律為促成社會變革之主要工具時，社會變革後帶動的發展，其速度常比法律為快。法律本貴安定，俾使人知所遵循；法律促成社會變遷後，往往不久即呈落後，而自身必須修改以適應社會不斷的發展；此種情形比比皆是。

因此，法律與社會變遷之關係，應採相互影響的見解，亦即一種「兩面的」（two-sided）或「雙向的」（two-way）關係；法律促成社會變遷，社會變遷反過來亦促使法律改革是。具體言之，前者主要在指藉立法以達成社會之變革。不過，司法及行政之參與亦不可缺少，不可偏廢，俾竟變革之全功。後者即指為應付社會變遷之結果，法律本身之進一步的充實

——包括法律之廢止、修正或制定，司法制度、執行程序之加強，法律教育之改進等。

因為以上在說明前二種見解時，均指出其各有法律哲學上的基礎或理論上的淵源；現在主張採用相互影響的見解時，亦想為其提供若干法律哲學上的根據，以求理論上的妥當。如前所述，現代社會無論處於何一發展階段，均需要可以強制施行的法律以完成既定政策或目的。但如此說，並不表示凡經由立法程序制定的規則，均屬萬無一失。人類歷史上，多的是藉法律以行暴政之實例。遠者不談，第二次大戰前，德國希特勒納粹政權之所謂「法治」，即為最好的證明。因此，法律實證主義有其理論上的缺陷，須加彌補。現代民主法治國家，固然需要有強制力的實證法以完成具體目的，但實證法須受更高的理想之指引與批判。

於此，無意亦不必創新立異。在現代，法律之理想，不妨就以「保障人權，伸張正義」二句大家習聞的話，加以概括。換言之，法律應該在儘量顧到每一個人的基本人權之情況下，謀求整個社會之福利與公平。藉立法以實現變革，應以此為鵠的；社會變遷後，法律是否配合，亦應以此為準據。任何興革或變遷，事實上常是一個繼續不斷的程序；即使暫時可說完成，以後如何發展，無法完全預料。對繼起的發展，法律是否力求適應或續加推進，或是否須加糾正，甚至是否須加遏止，均應視何者符合法律之理想而定其取捨。

西方強調法律理想之學者甚多，最具典型者應推自希臘柏拉圖（Plato）、亞里士多德（Aristotle）以還，歷經中世紀、近代以迄現代而始終不衰的自然法學派之學者。其中闡釋個人基本人權、個人尊嚴的理論，更值得重視[3]。在這方面，東方社會傳統上沒有西方社會同樣的經驗。在西方社會，長遠以來就相信法律與個人的權利自由不可分。二十世紀後，始以社會全體福利加以平衡。東方社會都無過去此段經驗，逕以社會全體福利為至高目標，難免有失平衡。因此，能以尊重每一個個人為基礎，去追求社會全體之福利，始為公平正義之坦途與正道。以下說明我國近三十年來之法律與社會變遷，即擬以上述「相互影響」的見解為依據。

參、近三十年法律與社會變遷之關係——我國在臺灣之經驗

至於近三十年來，在臺灣我國法律與社會變遷之關係，牽涉甚廣。擬以立法工作與社會變遷為主要範圍，加以探討。因為法律與社會變遷之關係，在我國近三十年經驗中，最卓

3 參閱 Edgar Bodenheimer, Jurisprudence - the Philosophy and Method of the Law (Harvard University Press, 1974), pp.6-59, 134-168.

著者即係藉立法或法律以實現具體的變革計劃。至於在這一方面，最成功的實例又可說莫過於土地改革。以下即以臺灣土地改革為對象，析述法律與社會變遷之關係。

按臺灣在民國三十年代及四十年代，仍為一十足的農業社會；而土地改革則公認為農業社會進步必經的過程。臺灣之土地改革，除達到土地及土地權利之合理的重新分配此一主要目的外，同時也達到了使農業生產增加，及以農業培養工業之目的。因此，臺灣之土地改革，可說協助奠定了以後經濟發展、社會繁榮，乃至政治進步之基礎。現在想指出的是：此一影響深遠的重大改革，若不是以法律為憑藉，不可能成功。我們都知道，臺灣之土地改革係分三個階段完成，即耕地三七五減租、公有耕地放領、及實施耕者有其田。每一階段都有特別立法為執行之根據，如民國四十年七月七日公布之三七五減租條例、民國四十一年六月二十九日發布之臺灣省放領公有耕地扶植自耕農實施辦法、以及民國四十二年一月二十六日公布之實施耕者有其田條例，即其主要者。換言之，原來並非沒有關於土地之法律，如民法、土地法等均是；但不足以實行此一重大改革。因為每一階段要解決之問題不同，必須對症下藥。譬如：「減租條例」與「耕者有其田條例」，其制定程序均極為慎重；都是廣泛徵詢多方面各階層人士意見，屢經專家研議，屢易草案，最後始予通過。

按臺灣土地改革既主要在重新分配土地，實質上即係將某些人原有的土地，取而給予他人，包括政府在內；其影響個人之權利，可想而知。若全憑勸導、協商，何能完成；即有可能，又何時始克完成。故乃由國家訂定可以強制執行的單行法規以竟其功。制定法律，對於有關人民本不可施以差別待遇；但如為謀求全體人民之機會平等所必要，則可有例外。土地之重新分配，原係為糾正地主與佃農間已經存在的不平現象及不良慣行。故此時，對有關的個人（即地主）顯有差別待遇時，即屬一種例外。不過，即使為達此糾正、改良之目的，亦須力求公平合理，而非犧牲一方以成全他方。因此，失去土地者，應獲適當補償，而獲得土地者，亦應支付合理代價。凡此，均在土地改革特別立法時，妥善加以規定。如上所述，耕地三七五減租條例及實施耕者有其田條例之制定，曾經由地方議會與中央立法機關層層之研商，並廣徵學者意見與輿論後，始加完成；可謂已盡審慎之能事。不過，根據此種審慎制定的特別立法而執行之改革措施，仍難免發生爭議。此時，則可向司法機關請求救濟。換言之，在實施土地改革過程中，如發生任何爭議，不論是地主與佃農間者，地主或佃農與政府機關間者，其最後解決，一概委由獨立的司法機關，即普通法院與行政法院。例如減租階段，雙方當事人之糾紛為地主與佃農間私人契約關係之爭，歸普通法院處理；放領公有耕地階段之爭議，亦認係契約關係而歸普通法院處理；第三階段耕者有其田，爭議發生在行政機關與人民之間，則歸行政法院處理。至於審判真象，自民國四十二年至五十二年間，徵收土地錯誤之訴訟，計一百四十五件，而牽涉之全部地主為十萬六千四十九戶；放領土地錯誤之訴訟計七十六件，而牽涉之全部農民為十九萬八百二十三戶；兩共二百二十一件；其中駁回一百七十三件，撤銷或變更原處分或決定者四十八件，可說差誤甚少；即有，亦均由法律途徑解決[4]。

因此，如果說臺灣土地改革是以法律完成重大變遷之最好範例，我們不僅在指此項改革是藉著有強制力的法律而付諸實施，更表示所憑藉之法律是合乎保障人權、伸張正義理想的法律。唯有如此，這一重大改革始能在和平而相當順利的情形下完成，始能當法律實現社會變遷之範例。

法律促成社會變遷後，繼續的發展常使法律不久即告落後而須要修正，前已提及。於此，亦可藉土地改革，再就此種情形，加以說明。土地改革後，不久即引起種種問題，且日趨嚴重；如耕地面積日小、勞力密集工業帶走耕農、農產品生產量速減、農業經濟瀕臨危急等均是；從而乃有第二次

4　參閱馬壽華，《臺灣完成耕者有其田法治實錄》（民國五十三年四月出版），第五章至第六章，第三九頁至七八頁。

土地改革之議[5]。凡此問題，仍須再由法律從事補救。自修定三七五減租條例開始，終於有民國六十二年九月三日公布之農業發展條例；據以阻止耕地繼續細分，並促使私地合耕化、機械化等；可說又回到藉法律以導致變遷之途徑。

農業支持初期的經濟發展，已為大家共知之事。民國五十年代以後，經濟發展快速，則得力於外來投資、國際貿易者甚大。以投資為例，必須先創造投資環境，如減免稅捐、放寬限制，以增加投資意願。凡此均非原有法律所能完成，而須藉新的立法以達到目的。於是獎勵投資條例、外國人投資條例、華僑回國投資條例，相繼制定，乃其著者。經濟持續發展，法律本身迅即受到影響。如仍以投資為例，自外來投資日益擴增以還，多種有關的法律均呈落後現象，而不斷須加變動；獎勵投資條例本身即為最好例證。自民國四十九年公布施行後，迄今已修正十三次之多。

經濟急速發展之結果，促使科技發展；兩者互為因果，使整個社會生活內容改變。且改變急遽而廣泛，衣食住行可說無不受其影響。至所引發之問題，可說千頭萬緒，且彼此各異；其依賴法律以為解決之趨勢，日益顯明。修正舊法之舉，幾乎從未間斷；而新制定之法律，其數量亦日增，種類

---

5 參閱王作榮、李登輝、賴文輝等著，《臺灣第二次土地改革芻議》（民國五十九年七月，環宇出版社出版）。

亦日繁，令人側目。就日常生活方面而言，其大者如食品衛生管理法、空氣污染防治法、水污染防治法、農藥管理法、道路交通管理處罰條例、藥物藥商管理法等，均與一般人有切身關係。最近制訂或擬制之衛生保育法、勞動基準法、公平交易法等，更值得注意。凡此均屬藉法律或立法在社會生活上達成某種預期之狀況。面對此種發展，我們可作以下的檢討與反省：法律原在規律社會生活，使社會生活能得維持並進步。在社會生活中，凡關涉大眾權益或影響大眾權益至某種程度之事，法律即須介入或干涉。

不過，在科技急遽發展之情況下，關涉大眾、影響大眾之事，其發生快速而影響亦深遠。法律之介入必須適時而及時。事實上，往往須先見其後果而預作準備；因為問題常屬新穎，常須針對問題，藉專門立法以為應付。姑舉一二大家已經注意之事為例：原子能和平用途之日益廣泛，以及經濟力量之集中與膨脹，如不及時適時以法律加以規範，後果即不可收拾。因為此種發展不是任何個人或團體、甚至整個社會，靠關心、關愛、同情，乃至輿論、道德所能有效處理。我們不妨主張仿照「預防醫學」（preventive medicine），而提倡「預防法律措施」；對可以預見、可能發生之狀況，採取果斷的法律行動，以免日後必須動用痛苦而時常沒有希望的法律手術（legal surgery）。

由此亦可知，處於現今不斷變遷的社會，大眾物質生活之改善，一日千里，無休無止。但大眾所受物質的威脅與危害，亦幾已至無法抵擋之地步；非但損傷身體，且亦在戕害精神與心靈。根本解決之途，或不在法律；但濟急救危，則非賴法律不可。處此情況，法律不能只對社會已發生之變遷有所反應或適應為已足；而必須預知將有何種變遷發生，而先作警告、防止、規範或引導之積極工作與行動。這正說明，何以現代國家與政府之責任日增日大，管事日多日繁。同時，就法律之任務而言，顯然立法工作最重；這從以上說明可知。不過，這並不表示司法及其他執行工作不重。立法如不能執行，等於無法；而執行多歸有關行政部門。至執行是否有所違失，違失時如何處理，以及適用法律發生疑義或爭議時，則均歸由司法部門加以裁斷與解釋。但立法工作總屬在先，先有法律，而後適用之執行之。且就促成社會變遷而言，司法及其他執行機構，原則上只能根據已有的法律，力求個案公平合理，使其結果有益有利於變遷；影響究竟有限。立法可以針對問題，通盤設計，普遍實施。只要有效執行，成果自大。

於此，擬轉換話題，就法律教育與社會變遷之關係，略加討論。在現代社會，法律與社會變遷之關係至為密切，已如上述。不過，無論是立法工作、執行工作或司法工作，都非自動可以完成，而需要人去從事；所謂徒法不能以自行是。

且工作之品質，亦取決於人之品質。嚴格言之，立法、執行、司法，均為專業工作，均以由具備法律專業訓練者從事為上。立法與執行工作，雖不能全由法律專業人員擔任，亦必須有受法律專業訓練人員之協助與合作為妥。而此等專業人員，自均以受正式法律教育者最為理想。接受正式法律教育，通常在學校法律系與研究所；針對上述法律足以擔負促成社會變遷之重任而論，法律教育必須能訓練出配合需要之適當人才。

這表示學校課程、教法與教材等各方面，均須與社會生活之現實狀態、發展趨勢、以及未來情況，保持密切的連繫。培養而得的人才，應能獨立思考與判斷，具有通盤了解法律的能力以及靈活運用法條的技術；而不在熟背條文與資料。尤其藉法律促成社會變遷之需要，日益增加，法律教育必須能趕在國家與社會所需要之變革計劃以前，或至少須緊跟其後；以便配合計劃之實施。我國一向有專司教育之政府機構，學校不能自作主張；願學校與專司其事之機構，協力針對法律之功用與社會之需要，制定較遠大的法律教育計劃，則社會幸甚，國家幸甚。

在我國，擔任公務與執行專門職業，均須經過考試。因此為達成上述目的，國家考試機關當然亦須能與法律教育互相配合；考選適當的法律專才，共同完成以法律促進社會變遷的任務。

肆、結語

在科技急速進步與廣泛利用之情形下，近幾十年來我國社會之變遷，亦日益加快。法律對此，曾發揮過很大的功效。不過，在科技與經濟發展刺激下，社會變遷將來之情勢如何，影響深遠。我們已不能只求法律適應變遷，而必須能預知變遷之後果，使法律得以先加引導或規範，或甚至防止其發生。

換言之，法律為促使社會變遷之一種主要的力量。但既能促成變遷，亦能阻止之。因此，立法務須審慎；必儘量使其能顧及一切有關人們之權益，以求接近公平與正義。但法律之制定在人，適用亦在人。由此可知法律專業人員之教育，關係何其重大。學校教育，除課程、教法、教材應力求適時、適地外，品德教育尤須加強。因為法律專業人員之品德，與實現公平正義的法律理想直接有關；且足以影響社會將來變遷之方向。同時，品德教育之加強，亦可彌補現行國家考試制度，至多只能考能而無法選賢之缺失。

第十四篇
論共產中國社會主義法制之建立*

目次

壹、緒言

近數十年來，很多國家的學者都承認共產集團內的國家，由於文化背景不同，在結構上彼此常有差異。不過，此輩學者同時指出，有所謂任何一個共產國家必須具備之起碼條件[1]；這些共同的起碼條件，通常就是由蘇聯解釋並實行之馬

---

* 本文原為著者在一九八〇年第九屆中美大陸問題研討會（the 9th Sino-American Conference on Mainland China）上發表之英文論文，A Socialist Legal System for Communist China: Some Critical Thoughts，載 Issues & Studies, Vo1.XVI, No.7 (July 1980 Taipei)；文中評述中共於大陸社會巨變後，試圖建立法律制度之經過及其與過去蘇聯經驗之關係；合於本書主題，故經著者譯為中文，收入本書。

1 參閱 John N. Hazard, Communists and Their Law, (The University of Chicago Press, 1969), Preface.

克斯——列寧的基本教條。不過，蘇聯所樹立之模式究竟能容忍多少差異，已為共產集團帶來嚴重的緊張情勢。譬如共產國家建立法律與法制此一問題，以及中共與蘇聯就此一問題以及其他問題所發生之衝突，就是極明顯的一個例子。

此一問題源自馬列基本教條之一，即認為法律與國家同為資本主義實行壓迫之工具；因此在生產工具歸由一般人掌有的社會裡，二者必然日趨萎縮。不過，蘇聯很快就主張國家與法律之萎縮必須延緩，因此提倡所謂「社會主義合法性」以及「社會主義法制」；認為可以促進社會主義，並及早實現完全共產主義的社會。毛澤東統治下的共產中國，除很短一段時間外，對蘇聯的這些實驗至多只是口頭敷衍；最後終於加以詆譭，而斥之為一種修正主義。

因為過去如此，很多國家的共產問題學者對於近年來中共屢次呼籲制定法典，並建立社會主義法制，認為不能不予注意。事實上，中共自一九七八年以來，的確公佈了一部新憲法以及不少新法律。中共在幾十年「無法狀態」以後，有何急迫的原因使其重談社會主義的法制？中共是否會重拾一度採用而旋即揚棄之蘇聯模式？如果是如此，中共能否因此而達到預期之目的？本文即在試圖對這些問題加以適度的處理，而擬採用之方法是以蘇聯的經驗為根據，提出若干批評。

貳、「社會主義合法性」之意義

「社會主義合法性」（socialist legality）此一觀念，原為史大林所提出[2]。當初俄共掌權後不久，即感覺無產階級既已專政，需要國家與法律作為澈底粉碎已被推翻的資產階級及其他中間階級之工具。這種理論與法律乃階級工具之基本看法，尚屬一致。嗣因推行新經濟政策（一九二一至一九二八），蘇聯更強調需要國家與法律。不過，國家與法律必然萎縮之基本理論與承認國家與法律負有積極任務之主張，其間的緊張局面卻日益惡化。

史大林認為社會主義既為走向共產社會之過渡階段，一種不同於資產階級國家之國家制度，應可在社會主義社會中維持生存。國家與法律應積極協助社會主義進入完全的共產主義，屆時國家與法律自然歸於消失。因此在國家與法律萎縮以前，必須先使其充分發展，並使其充分發揮作用。於是，「社會主義合法性」之觀念應運而生；非但可以為法律提供堅定的基基礎，且可以帶給法律前所未有的尊榮。由於「社會主義」一詞，使此所謂「合法性」與走向共產社會之過渡階段牢不可分，因此史大林主義者認為，關於法律的理論與實

---

2 參閱 Eugene Kamenka, "The Soviet View of Law", in The Soviet Political System edited by Richard Cornell, (York University, 1970), p.319.

際已獲得協調。

國家與法律地位之增強，不因史大林之死而受影響，雖然蘇聯已被認為從「無產階級專政」轉換為赫魯雪夫所謂「全民國家」。但後者顯然尚非完全的共產主義社會，也就是尚非國家與法律應已消失的社會。事實上，赫魯雪夫表示「共產建設」尚在進行中，雖不再需要無產階級專政，但仍需要國家與法律；因此一再主張加強「社會主義合法性」[3]。

為便利比較起見，於此想問問實行「社會主義合法性」及「社會主義法制」究為蘇聯帶來何種具體成果？在回答此一問題以前，似應先就「社會主義合法性」此一觀念本身，略加分析。

依蘇聯學者之見，廣義的「合法性」指法律須平等為大家遵守而無所例外。狹義的「合法性」則指一切發自權威的行動必須在法律架構內進行，並須在切實執行法律的基礎上進行。因此，在蘇聯所謂「合法性」，意指「所有國家機構、群眾組織、公務人員及公民，嚴謹遵守並執行蘇聯憲法以及基於憲法之一切法律與命令」。既然完全的共產主義必須以社會主義為先導，而社會主義又非藉法律不能實現，上述「合法性」及法律制度，引用蘇聯法學家的話，即是「社會主義

---

3 Julius Stone, Social Dimensions of Law and Justice (Stanford University Press, 1966), Chapter 10.

社會發展過程中內在的規律之一」[4]。此即是「社會主義合法性」之意義與要求。

「社會主義合法性」之此種解釋，表示先有法律存在，因為法律形成合法性以及合法性制度之基礎。事實上，蘇聯之立法工作，革命後不久即開始；而自一九三六年以來，還更在範圍與內容上日益擴增。除一九三六年憲法外，各主要法律領域內可說均有法典之制定。

六十年以後，蘇聯在安定方面及發展方面，很顯然已成為最強大的社會主義國家。蘇聯之例同時顯示，如無相當程度的安定性，根本無發展之可能。歷史證明，即使最獨裁的政府，一旦安定或趨向安定，均選擇使用法律而不願全靠武力；蘇聯情形亦然。蘇聯在成為一安定而專制的國家以後，日益需要法律。例如在一九六〇年的刑法內，罪刑法定主義，終於取代了一九二六年刑法內將「社會性危險行動」與「犯罪」同其看待之類推制度[5]。此外，自由解除婚姻之制度已完全加以廢棄，代之者為嚴格的司法離婚程序；亦為國家重視

---

4 見 The Soviet State and Law, with essays contributed by Soviet writers and translated from the Russian by Yuri Sdobnikov, (1969), pp.266-268.

5 參閱 RSFSR Crimial Code, (1960), Arts. 3, 7, 6, found in Harold J. Berman, Soviet Criminal Law and Procedure: The RSFSR Codes, (Harvard University Press, 1966), pp.145-147.

安定與秩序之另一實例[6]。

不過，利用法律以獲致安定，是任何專制集權國家共同的特色，而並非社會主義社會獨有的情形。「社會主義合法性」的特有任務，在蘇聯經濟措施內表現最為顯著。這與蘇聯的工業化與現代化更直接有關。生產工具既入國家掌握，國家經濟計畫就佔據了法律最重要的領域。在蘇聯，國家是主要生產工具之所有者，但是把實現社會生產作為一整體程序看，國家事實上是將生產工具分交與企業、工廠與其他機構。此時，法律具有二項重要的任務。第一，法律為國家企業界定其地位、權利、義務與活動原則。國家財產交與國家企業後，即受後者運作之管理。在法律依照國家企業之活動目的與目標而設定之範圍內，國家企業享有、使用並處分財產。接受國家交付財產而運作管理之國家企業及其他國家機構，均以法人身分而行為，因此均為法律之主體。集體農場以及其他合作機構，亦均以法人身分而行為。第二，企業彼此間之關係，尤其是交換關係，乃屬法律性關係。國家企業非僅彼此轉移產品，而是出售產品。企業依分配計畫處分產品，自無自由市場可言。不過，計畫下企業間之具體關係，是以法律契約為基礎，藉以明確規定雙方的權利與義務。此

6 見 Harold J. Berman, Justice in the USSR, (Harvard University Press), 1963, p.336 et. seq.

即所謂經濟契約，運作範圍相當廣泛[7]。

因此，在國家經濟體制下，社會產品之運銷，可說是國家企業在法律形式下，藉履行契約義務而完成。任何企業如不能信靠契約的關係，即無法有效加以運作。被告對違背保證品質之貨物或有瑕疵之貨物，必須負其責任。同時在完全計畫經濟的社會中，履行契約之能力常須視當事人控制以外的環境而定。負責計畫者常可基於軍事、經濟或政治理由，而改變供應或配給物資之優先順序。為緩和此種契約與計畫之間經常存在之衝突，蘇聯設有特別商業法庭，以解決國家企業間之爭議。此種法庭之職責，在於不違反國家經濟政策下，嚴格執行契約法規[8]。換言之，蘇聯法律政策之一，即在於國家企業經營之效率，應受嚴格法律責任之控制。此與在蘇聯特受重視之經濟犯罪觀念有關；譬如一九六〇年刑法第一百五十二條及第一百五十七條即曾規定，生產品質低劣、不合規定或不完整貨物，或生產出售此等貨物者，均受刑罰[9]。

由此可知，契約制度雖得自資本主義法制，卻用以達成社會主義的目的；最主要一點即在於確保完成國家經濟計

7 參閱 The Soviet State and Law, op.cit., pp.200-202.

8 參閱 Berman, Justice in the USSR, op.cit., p.124 et. seq

9 見 Berman, Soviet Criminal Law and Procedure: The RSFSR Codes, op.cit., pp.204-205, 206-207.

畫之效率。因此，與加速蘇聯之工業化與現代化可說具有直接關係。此外，個人權利與個人財產之觀念，在憲法所定範圍內，亦獲認可。在生產工具已轉移於國家及國家控制之集體機構後，蘇聯感覺有給予人民適度法律保障之必要。一九三六年憲法除保障公民權利外，並對不涉及生產過程之私人財產，如個人所有物品等，亦加保護[10]。上述有關蘇聯經驗之概述，目的在求有助於了解中共倡導社會主義法制，究竟具有何種意義。

參、「社會主義法律制度」建立之困難

三十年來，中共對於固守馬列主義思想一點，從不含糊。事實上，中共對此種理論基礎之忠誠，常超過蘇聯領導之社會主義集團；尤其在對於法律的態度方面，表現最為顯著。中共始終堅持馬列原來的法律觀，認為法律是一種階級性的規則，註定在無階級的社會裡必然歸於萎縮。因此不願與蘇聯為伍，去致力說明法律在發展共產社會過程中繼續有其必要。不過，這並不表示中共實際上從未感覺需要法律。一九五四至一九五六年間，中共即曾採用蘇聯經濟計畫模

10 參閱 Wolfgang Friedmann, Legal Theory, (Stevens & Sons, 1967), pp.375-376.

式，而決定發展蘇聯式的法制。中共一九五四年的憲法顯然以一九三六年的史大林憲法為範本。同時，一部刑法法典幾近完成，一部民法法典亦在制定中，而法院及檢察機構亦被付諸實施。

不過，一九五七年起開始轉變。法典制定工作完全停頓，已成之刑法亦未被實施。執行黨的意旨成為司法工作之基本責任，而政治因素深深影響一切司法決定。一般言之，由於群眾參與社會控制之情況不斷增加，所謂司法乃日益失去安定性與可測性，而成為不拘形式游移伸縮的程序。尤其在中共與修正主義的蘇聯決裂後，蘇維埃式的計畫經濟與任何蘇維埃式的法律措施同遭排斥。

「社會主義合法性」是蘇聯及其他社會主義國家利用法律以獲致社會安定與經濟發展之憑藉，已如前述。何以中共要揚棄「社會主義合法性」？是否因為政治因素使然，例如引起反右派鬥爭及文化大革命之政治因素？是否與歷史及傳統有關？中共於一九四九年以前，在農村與邊區之二十多年經驗有無影響。最後，是否中共領袖們對法律之功用不太清楚？此等問題，本文無法詳加討論。不過，所有這些因素敢說都有關係。毛澤東鳴放之結果，發覺敵對者如此眾多，自然以藉政治手段剷除異己為要，而無心於推行「法治」。重禮輕法之歷史事實與傳統，不易遺忘；排難解紛用和解與其他法外方式，自比用正式的法律程序更為習慣。至於中共在江西蘇維埃政府時期（一九三一至一九三四）及以後在邊區政府時期之經驗，使毛澤東深信農民為革命之主力，同時開發亦必須自農村開始。此種經驗實際上導致毛派利用群眾以從事經濟發展、政治改革以及法律創新[11]。就「法律創新」而言，諸如「砸爛公檢法」、群眾公審、就地審判等均是。最後關於中共領袖們對於法律之態度一點，蘇聯的列寧是學法的，可是在中共真正掌權者之中，無一人受過正式法律教育。既不熟習法律，又受傳統輕「法」觀念之影響，中共決策者對「合法性」及法律制度之功用，所能認識者自極有限。中共二十多年的法律貧乏狀態，至少一部分要歸因於這些因素。

中共長期輕視法律，究竟產生何種具體後果？只需舉出大躍進（一九五八至一九六〇）或文化大革命（一九六六至一九七六）為例即可。躍進也好，文革也好，都是利用群眾以推動國家建設，而全然置法律於不顧。可是最後卻以兩場災禍結局；非但經濟計畫遭受破壞，一般人民更是苦不堪言。一直到一九七六年「四人幫」垮臺後，始稍有起色。

中共新當權派所作之主要決定，即是在一九七八年公開呼籲尊重社會主義法律以及加強社會主義法制；目的在於一

11 見 Archie Brown and Jack Gray, edited, Political Culture and Political Change in Communist States, (The MacMillan Press, 1977), pp.212-213.

方面奠定治安與秩序，一方面在本世紀內實現農業、工業、國防與科學技術四個現代化[12]。此一決定等於公開承認法律與法制是求安定與求發展之必要條件。同時也等於明確表示，所謂法律是指社會主義的法律，所謂法制是指社會主義的法制。這種表示與中共過去的經驗大相逕庭；如果真想付諸實施，勢非有所遵循不可。就此一點而言，中共最可能還是回到蘇聯模式。主要的理由之一，是蘇聯模式非但在蘇聯很成功，在其他社會主義國家內，如經過適當改動，也頗可行；而中共與此等社會主義國家仍有不少共通之處。

不過，著者曾於別處指出[13]，中共想師法蘇聯模式，並非易事。首先，在基本理論上仍有困難。以上說過，採用蘇聯所發展的「社會主義合法性」，非但須提高法律地位，同時也須視法律為代表全民意志與促進全民利益之工具。中共早就認為蘇聯此種說法，與馬列「法律必然萎縮」之基本立場相去過遠；構成修正主義，故不惜與之反目。現在中共是否願意完全改變路線，以唱和此種「社會主義合法性」的論調？

---

12 Hua Kuo-feng's report to the Chinese Communists' Fifth National People's Congress, Peking Review, Vol.21, No. 10 (March 19, 1978), p.33.

13 參閱 Herbert H.P. Ma, "Law and Communist China: A Comparative Jurisprudential Analysis", in Issues & Studies, Vo1.XV, No.10 (October 1979), pp.54-55.

或者另覓其他途徑？不過，無論如何決定，前途必然是崎嶇而艱難的。

中共想建立法律與法制，必須有一套理論以協調上述在根基上的衝突；至少蘇聯的經驗證明如此。可是到目前為止，在這一方面，除了譴責咒罵「四人幫」的過錯以外，中共的新當權派似乎尚少其他作為。

從另一方面說，中共自可不顧理論而逕自適用法律以實行社會主義合法性。不過，即使如此，亦不易為。誠然，中共在過去三年中，已經糾正一些錯誤，並公布一些新法律。例如一九七八年的憲法重新設置檢察機關，並增列有關人民權利與自由之條款。一九七九年公布之若干新法律中，「人民檢察院組織法」及「人民法院組織法」規定了檢察院及法院之組織與職權，「刑法」與「刑事訴訟法」多少規定了犯罪、處刑以及實施的程序。另外，「中外合資經營法」則係以擴大國際經濟合作與技術交流為目的。就法律是「社會主義法制」之先決條件而言，上述立法上量之增加，不能說不是進了一步。不過，缺失之處仍甚多。譬如民法即幾乎無所制定，尤其是契約法方面。「民法」在社會主義國家裡，是一個嚴重的法律問題。國家大部分經濟生活的行為既已由私的領域進入公的領域，所發生的關係，包括契約關係在內，即日益排除於私法領域以外。換言之，此種發展之結果，私法——包括契約法——必然日漸消失。

雖然，根據蘇聯之經驗，契約在計畫經濟中足以使國家企業之管理，維持效率與安定；因此擔負著特殊的任務。即使在國家企業之間，契約性的安排可以確定彼此的權利與義務，而有助於預期結果之實現。在共產中國，雖說實際上曾有由政府機構命令加以規範之工業與農業契約，但是此種經驗不足以適應中共所企望之經濟發展。在工業化過程中必然將發生之複雜而精細的契約關係，需要正式的法律規則以為準據。尤其在中共想藉中外合資經營的方式以鼓勵外國投資時，正式的法則更見其重要。一件合資經營的事業，其本身即是契約關係：外國對手一方有權在事先知道其法律上的權利與義務為何，以及法律對其權利與利益有何保障。由於缺少正式的契約法及其他有關法規，中共新頒布的「中外合資經營法」即難以適用。首先，何為有效契約之基本要件？如不知此，該法內凡有「合同」即「契約」二字之條文，其意義均呈模糊不清。再說，中外合營事業內之契約關係，必然牽涉外國或國際因素而進入國際私法範圍；中共有無確定此種涉外契約準據法之正式規則？

上述不定情況，使「中外合資經營法」第十三條亦發生嚴重問題。該條規定：「……如果因違反合同（契約）而造成損失的，應由違反合同的一方承擔經濟責任。」何謂「違反合同（契約）」？「經濟責任」又如何估定？同法第十四條所規定之「仲裁機構」，如無實體契約法規為根據，難以解答此類問題。此外，同法第八條之適用亦有困難。如果依該條規定：「合營企業的各項保險應由中國的保險公司投保」，外國對手有權知道，何種「保險」適合於其合營企業？又「中國的保險公司」究何所似？這類問題，如無保險法規為據，即無法妥予回答。由此可知，即使在形式意義上想建立一個現代的法律制度，至少亦需要有足夠而適當的若干種相關法律，使能結成一個體系。在這一方面，中共尚須盡其最大的努力。

中共建立社會主義法制，可從另一觀點加以批評。常言說，「具有一套法典，並不保證即有法治」。同理，只有社會主義的立法，尚不足使社會主義法制發生作用。如依蘇聯學者對「社會主義合法性」之解釋，「社會主義合法性」在共產中國，應指「所有國家機構、群眾組織、公務人員及公民均應切實遵守並執行中共憲法以及依據憲法之一切法律與命令，以實現社會主義之目的」。按遵守法律與執行法律之成敗，與多種因素有關。前在討論中共何以揚棄「社會主義合法性」時，曾提出若干原因。此等原因是否對中共目前致力建立「社會主義合法性」仍有其關係？不失為一值得討論之問題。首先，當初引起反右派鬥爭及文化大革命之政治因素，是否已不存在，尚未可知。最近魏京生等人之定罪，以及中共人代會常委會建議藉修憲程序禁止人民有「運用大鳴、大放、大辯論、大字報」之權利，顯然均為不祥之兆[14]。至於利用群眾處理司法問題，雖已證明失敗，但中共幹部參與其事者，已習於「無法」之便；此等幹部一日仍在，即構成建立法制之阻力。同時，受新的社會主義法律訓練之幹部，短期內難以任事。徒法既不能自行，因此社會主義法制即使有其形式，亦將如同虛設。至於傳統輕法之觀念，乃為一般中國人之所同，而非只共黨幹部特有。基於此，中共推行任何非中國固有的法制，均將不免遭遇困難。以前也曾指出，法律不見重於共產中國，與中共領袖之不諳法律之性質與功用大有關係。目前此等領導人物，多已不在。不過，就毛澤東而言，其個人權威之大，可說是其鄙視法律之主要原因之一。換言之，毛澤東深自了解其本人領導共產中國之權力與能力，自然無所求於客觀的法律。因此，近年來中共之呼籲建立「法治」，主要也許是在填補因毛澤東之死而留下之權威空缺。如果這種說法證實有據，則中共新當權派建立「法治」之真意如何，即值得大加懷疑。至少這些新領導人物與其前一輩一樣，並非法律「專家」，遇機難保不以已經習慣的觀念與方法

14 魏京生案，中外報章均曾詳加報導；而中共人代會常委會之建議則曾於一九八〇年四月十四日由 UPI 通訊社自北京報導。

來取代法律。

從以上討論可知，中共建立社會主義法律制度之願望，即使從社會主義的觀點評斷，亦屬不易完成。

肆、「社會主義法制」與「法治」之差異

以上對中共建立社會主義法制所作之評論，是以蘇聯「社會主義合法性」之理論與實際為基礎，甚明。此種評論是否具有意義，可說全視吾人對於評論的基礎——亦即蘇聯的法律——如何看法而定。換言之，吾人是否可以確認蘇聯法律之存在？近年來有關蘇聯法律之資料日增，由此得知其所採之法律制度，不少是與非社會主義法制相同者。因此，似不能再說蘇聯的法律完全是騙人之事。在蘇維埃政治哲學以及法律實證主義所設之範圍內，法律在蘇聯，可說是真實無偽的。不過，如所週知，以馬克斯列寧主義為基礎之蘇維埃法律觀，與西方的法律傳統極為不同，甚至有謂根本無從比較者。對此，本文無法深論。現在只擬舉出下列幾點有關蘇維埃法律觀之特色，以示其不同之處。第一、視法律為所謂「上層結構」之一，致使法律不能成為獨立的社會力量或公平正義的維護者。第二、視法律為全然依賴於所謂經濟「下層結構」，致使法律成為單純實施國家計畫經濟之工具。第三、此

種觀念使主宰計畫經濟之共產黨及無產階級專政者，超出於法律與合法性範圍以外，以致行使政治權力者可以不負責任。第四、其結果，公民之權利與自由只有在不違背社會主義的目的——尤其是經濟計畫——之情形下，始受法律之保障。第五、因此，契約、財產及其他西方共通的法律制度，其本身並非不可侵犯，而只有在充當經濟計畫之工具時，始能存在。

上述不同之處，顯示「社會主義合法性」並不能在蘇聯產生一個西方式的法治國家，使政治權力在理論與實際上同受法律之約束。事實上，蘇聯之情況遠非如此。研究蘇聯法律的專家貝滿（Berman）教授曾指出：「蘇維埃法律終究是一種集權法律，旨在管制經濟與社會生活之全面，包括思想在內，而緊要的政治權力問題，則讓諸非正式而秘密的程序，不受立法或司法機構之監察與控制……蘇維埃法律之主要功用，端在規戒、指導、訓練、教育蘇維埃公民，使成集體化與動員化社會秩序之忠實成員。」[15]

15 見 Eugen Kamenka, “The Soviet View of Law”, op.cit., p.322, quoting Harold J. Berman.

伍、結語

鑒於以上了解，從邏輯上說，中共即使依照蘇聯模式建立社會主義法制有成，其結果殆將與蘇聯之情況無大區別，而必致企盼中國大陸出現西方法治社會之人士，大失所望。在極權政治下，受害最深者既為一般人民，中共改善司法之措施——尤其對於人民權利自由之保障——果能接近一般西方標準，固為很多人所願見。但是，除非中共在政治思想與社會結構上從事根本的改變，上述願望終難實現。

Ⅲ

結論

第十五篇　思想、法律與社會變遷：歷史觀點下的中國經驗

第十五篇

思想、法律與社會變遷：歷史觀點下的中國經驗*

目次

壹、緒言

「有社會即有法律，有法律斯有社會」（ubi societas ibi jus, ubi jus ibi societas）這兩句拉丁法諺有其顛撲不破的道

* 著者於一九九九年九月應邀在中國北京大學法學院講學，本文為講稿之主要內容，略經增刪，收入本書。

理。意思是說凡有人類群居之處，必有某種形態的行為規則，賴以維持團體生活。這種通稱為法律或法的社會生活規則，學者有認為是神的意思，有認為是風俗習慣，有認為是事理之當然，也有認為是團體首領的命令等等，不一而足。換言之，對於法律是甚麼、做甚麼，一向有不同的思想或理論。法律與社會既不可分，而法律思想又可以賦予法律特定的意義與功用；因此，法律思想及其支配的法律制度對於社會生活及其變遷有何影響？而社會生活的變遷對於法律思想及其主導的法律制度之興衰又有何影響？都成為值得討論的問題。

在中國大陸上，歷史悠久的社會必然一開始也就有法律，而在中國長遠的歷史發展中，亦必然有過法律思想或理論與社會變遷相互影響的經驗。本文就是想探討中國社會這一方面的經驗，並且將範圍主要限於民國三十八年（一九四九）以前中國大陸社會的經驗及民國三十八年（一九四九）以後臺灣社會的經驗。至於一九四九年以後中國大陸社會的經驗，則於最後一節另外處理。

由於法律思想或理論不能憑空出現，必須在文化比較發達、制度比較具體的社會裡始有可能；所以擬從西周時代的中國社會開始。

貳、西周社會之禮與刑

依據信史記載，中國社會在西周時期（1122-771 B.C.）實行的是封建制度。封建，簡言之，即天子分封土地於子弟、功臣，使其建國於封疆之內；並以不同爵號，如公侯伯子男，定其上下。凡為國君皆可稱諸侯；因此，天子以下為諸侯，諸侯以下為卿大夫，卿大夫以下為士。以上均屬貴族，最下為庶人亦即一般平民。這顯然是一個等差的社會。

與封建制度密切配合的是宗法制度，就是一種宗族社會中子孫繼承的制度。按照這種制度，一族之長房嫡長相承，有權祭祀始祖以下所有祖先；各代的次子、三子等所謂「別子」，則另立一房，亦以嫡長相承自成所謂大宗。祭祀立宗的別子以下，各宗的其他兒子也各成所謂小宗。宗子高居庶子之上，大宗高居小宗之上；所以宗法是將族人集結於本族嫡長房下；最後全族均集結於最嫡長的一支之下。

以當時諸侯而論，周是諸侯的大宗，諸侯自己也成一宗；周成為天下的宗主。因此，周天子能支配姬姓諸國而控制天下，諸侯能支配同姓大夫而控制全國。靠宗法組織，封建制度的「上下之分」乃能延續數百年之久[1]。

這種實行封建與宗法的社會，實際上依靠何種規則得以

---

1 參閱許倬雲，〈春秋政制略述〉，載《中國政治思想與制度史論（三）》（中華文化出版事業委員會出版，民國四十四年）。

維持？史書與學者多已指出，是分別憑藉「禮」與「刑」。當時的等差社會，貴族與平民階級分明。少數的貴族是勞心者、治人者、食於人者，多數的平民是勞力者、治於人者、食人者。而貴族之中，依身分地位之高低，各有其行為規則與生活方式，統稱為「禮」。禮之內容初為宗教祭祀之事，逐漸擴大；至周室則及於貴族生活之各面，《儀禮》一書記載最為詳盡。最後，禮之範圍除冠婚喪祭等等以外，廣及於政治、軍事制度，而極為重視喪祭之禮。可見禮對維繫封建與宗法制度關係之密切。至於刑，則專用以規範平民。刑指剝奪生命及殘害身體的各種刑罰而言；因為貴賤有別，所以「禮不下庶人，刑不上大夫」(《禮記・曲禮上》)。由此可知，周代的社會生活規則為禮與刑，而不稱法[2]。迄春秋時止，可以說有規範社會生活的「法律」之實，而尚無「法律」之名。所以也可以說雖無具體系的「法律」思想或理論，卻不是沒有關於實質「法津」(禮與刑)的見解與主張。例如《國語・魯語》云：「大刑用甲兵，其次用斧鉞，中刑用刀鋸，其次用鑽笮，薄刑用鞭扑，以威民也」。就是說「刑」在於「威民」，也就是專用以統治平民的工具；且為免減少威嚇的效

2 參閱陳啟天，〈法家述要〉，載《中國上古史》，第四本(中央研究院歷史語言研究所上古史編輯委員會編刊，民國七十四年)，第四四七頁。

能，刑當時並不公開讓平民皆知。這可從春秋末期，晉叔向反對鄭子產鑄刑書及孔子反對晉趙鞅鑄范宣子所作刑書於鼎的言論，而得到證明。前者即《左傳》昭公六年，叔向針對鄭人鑄刑書而謂：「昔先王議事以制，不以刑辟，懼民之有爭心也，民知有辟……，並有爭心，以徵於書而徼倖以成之，弗可為矣。」後者即《左傳》昭公二十九年，孔子針對晉人鑄刑鼎而曰：「晉其亡乎？失其度矣……而為刑鼎，民在鼎矣，何以尊貴？貴何業之守？貴賤無序，何以為用？」

至於禮，原為有周一代整個封建與宗法社會的主要維繫者。「禮不下庶人，刑不上大夫」固為當時等差社會之準則，前已言之。不過，貴族若違犯了禮，亦非全然不受懲罰。事實上，輕者受輿論及其他貴族之斥責、譏嘲，重者則有放逐、賜死（自盡）等處分。例如《左傳》昭公六年，公孫楚傷公孫黑，子產放之。昭公二年，晉惠公將殺里克，公使聞之，自伏劍死。值得注意者，當時放逐尚不在五刑之內，而自殺可免大辟或斬首之公然為人所知。是仍不違「刑不上大夫」用以尊重貴族之準則。且非由刑死，子孫仍能保留爵位與官職，例如《左傳》莊公三十二年，魯子牙奉命自殺時，使者對其說：「飲此則有後於魯，不然，死且無後。」公子牙死後，子孫即叔孫氏，仍為魯國次卿。凡此均不失為關於運用實質「法律」（禮與刑）的道理。

參、春秋時代之儒家與禮

中國社會至東周（770 B.C. 以後）春秋時代（722 B.C. 以後），開始發生變化；原先封建宗法制度所實行的是長子繼承君位制度，現在慢慢出現兄弟分權的情勢。於是開啟貴族與國君爭奪政權之風。至春秋中葉以後，更趨激烈；諸侯為擴權，兼併者有之，弒君者有之，於是體系整然的禮制頻頻遭受破壞[3]。其結果，簡言之，整個封建宗法制度逐漸崩潰。這種巨大的社會變遷，影響普及社會的各面。

舉其有關者言之，在學術方面，原來西周官師政教合一的王官之學，先由天子畿內分到各國，再由各國轉到私家。換言之，學術研究由官方轉入了民間，成為以後諸子百家爭鳴的前奏[4]。標榜法術，後人稱之為法家的學者，於此時期形成了法律的思想；而致力復興禮制，後人稱之為儒家的學者，也於此一時期提出了有關禮的原理以及對於法律的見解。茲依年代次序，先簡述儒家如何闡明禮的原理。

按依通說，儒家以孔子為首，以孟子、荀子為繼。春秋時代的孔子對周之禮制，倍加推崇。他說過：「周監於二代，郁郁乎文哉，吾從周。」（《論語》）無奈周之禮制雖宏博精

3　參閱李宗侗，〈周代的政治制度〉，載註 1 同集。

4　參閱余英時，〈中國古代知識階層的興起與發展〉，載註 2 同本，第五一頁以下。

縝，仍隨封建宗法制度之解體而日益式微。不過，此時禮卻因封建之解體而擴及於平民生活，使其範圍較前更廣；此一變遷不為不大。孔子及儒家弟子則致力為禮提供前所未有的理論基礎，以圖達到復禮的願望。例如他們強調禮是合於道理的，故曰「禮者，理之不可易者也。」（《禮記・樂記》）；禮是本於人情的，故曰：「小人貧斯約，富斯驕，約斯盜，驕斯亂；禮者因人之情而為之節文，以為民坊也。」（《禮記・坊記》）。換言之，禮只須合於道理與人情，即能施行無礙，而發揮規律社會生活之功用。

如進一步分析，儒家是認為理想的社會在於家族中有親疏、尊卑、長幼之分，社會中有貴賤、上下之別。人應各守其身分地位，盡其所能，分工合作以維持社會之安寧與發展。存在於家族及社會中之分別，最重要的莫過於君臣、父子、夫婦、兄弟、朋友所謂五種人倫；正如孟子說：「教以人倫，父子有親、君臣有義、夫婦有別、長幼有序、朋友有信。」（〈滕文公上〉）；《左傳》襄公九年知武子語「君子勞心，小人勞力。」；荀子說：「賤事貴，不肖事賢，是天下之通義。」（《荀子・卷三・仲尼篇》）。禮原是使人各遵適合其身分與地位之行為方式，毋作非分之想、非分之求；遵禮自可使社會秩序得以維持，而達到儒家所謂長治久安的理想境地。

至於儒家對於刑或法，並非絕對加以否定。不過，以為刑罰只是已有姦惡之後的對策而不是根除姦惡的辦法；所謂「道之以政，齊之以刑，民免而無恥」(《論語・為政》)，不若禮教之「絕惡於未萌而起敬於微渺，使民日徙善遠罪而不自知」(《大戴禮・禮察篇)；所謂「道之以德，齊之以禮，有恥且格」是(《論語・為政》)。

雖然，春秋末期，封建一統的局面逐漸瓦解後，列國紛紛對內集權，對外爭霸；因此無不亟思獲得富國強兵之道。對於儒家以倫理道德變化心性的禮治，則認為緩不濟急。於是所謂法家，趁勢而起。

肆、戰國時期之法家與法

學者曾謂：「建法立制，疆國富人，是謂法家，管仲、商鞅是也。」[5]如以此為據，則所謂法家的學說與成效原在疆國富人；而可以春秋時的管仲相齊(桓公)為先導，而以商鞅相秦，統一古代中國為極致。其期間約為春秋中葉至戰國末季，可算是中國歷史上，第一個法律思想與社會變遷顯然相互影響的時期。不過，此一時期的法家學者為數甚多，他們解釋法的涵義亦不一致。以下只能以具有代表性的見解為

5 劉劭《人物志・流業篇》(四部叢刊本)，見註2，陳啟天文，第四三三頁。

根據，略述法家法律思想形成的前因與後果。

按春秋之際，治理一般平民的規則稱刑而不稱法，前已言之。稍後，刑與法似即互用。不過，法的觀念則是到了戰國時期始出現。當時，學術因歸私家，思想與立說均得自由。不少學者有感於「海內爭於戰攻，務在強兵並敵」[6]，乃倡言為求國家之生存與發展，必須以法治取代禮治。這些後人稱為法家的學者對於「法」提出了新的理論，而以韓非為集其大成者[7]。這些學者對於法律的性質，如以現代的法學術語來說，有以下的見解：

首先，法律應該具有公開性，所以韓非子說：「法者編著之圖籍，設之於官府，而布之於百姓者也。」(《韓非子・難三篇》)。商鞅也說：「法者，官吏及民有問『法令之所謂也』於主法令之吏，皆各以其『故所問之法令』明告之……故天下之吏民無不知法者，吏明知民知法令也，故吏不敢以非遇民。」(《商君書・定分篇》)。同時，法律應該具有強制性，所以商鞅說：「有敢剟定法令，損益一字以上，罪死不赦。」(《商君書・定分篇》)。

其次，法律應該具有平等性，所以管子說：「君臣上下貴賤皆從法。」(《管子・任法篇》)。韓非子說：「刑過不避

6《史記》，〈六國表〉，見註 2，陳啟天文，第四四頁。
7 見註 2，陳啟天文，第四四〇頁。

大臣，賞善不避匹夫。」（《韓非子・有度篇》）。商鞅說：「刑無等級，自卿相將軍以至大夫庶人，有不從王令，犯國禁，亂上制者，罪死不赦。」（《商君書・賞刑篇》）。最後，法律應該具有進化性，所以韓非子說過「法與時轉則治」。（《韓非子・心度篇》）

法家學者主張以具有上述特性的法律為治國的工具，深得各國君主的歡心。因為君主擺脫貴族的束縛後，可以藉法律以提高威嚴、集中權力。同時因為封建瓦解，平民自井田的采地解放而獲得新的地位；法律平等施於一切的人，也正適合社會變遷後新的情勢。因此，法家學者紛紛為各國君主起用[8]，成文刑典陸續在各國制定。魏人李悝並據六國刑典編造《法經》，成為中國歷史上首部以「法」為名之有關法律的著述。商鞅受之以相秦，改為《秦律》，更開後世歷朝制定法典之先河。最後，秦王政卒以厲行法治而統一了古代中國；非但改變了當時中國的社會，也影響了以後中國社會的發展。

8　如魏文侯用李悝，楚悼王用吳起，韓昭侯用申不害，秦孝公用商鞅等，參閱楊鴻烈，《中國法律思想史》（臺灣商務印書館，民國五十三年版）第一四四至一四五頁。

伍、先禮後法之思想與制度

法家的法律思想助成了古代中國的統一，卻不料主導這空前轉變的秦，因始皇父子嚴刑峻法的極權政治，不二十年即告滅亡。繼起的漢室，初期仍用法家學者。不過，至武帝時（140-8 B.C.）開始尊崇儒家，以為正統；百家均遭罷黜，法家亦在其內。值得注意者，法家思想的實效，亦即刑（法）律對於維持社會秩序的功能，當時已為朝野所公認。事實上，自漢以後每朝皆有刑律；《漢律》以《秦律》為本，更多所增益[9]。儒家學者雖稱獨尊，而處此情勢，乃改其治世純用禮教的主張，轉而求能「以禮制法」，即以禮教指導法律；或「以刑輔禮」，即以刑罰支助禮教。此一關於法或法律之思想上的轉變以及其實際的效果，支配了以後的中國社會生活直到清季之末，影響之深遠可想而知。學者對於這一項轉變及其發展，所論已多[10]。此處則擬從法律思想與社會變遷相互影響的觀點，略述其始末。

按法家學者雖一般都認為禮教不足以維持社會秩序，而儒家則原非絕對排斥刑或法，前已言之。例如《大戴禮・

9 參閱徐道鄰，《中國法制史論略》（正中書局印行，民國四十八年），第一一頁。

10 如楊鴻烈，《中國法律思想史》；徐道鄰，《中國法制史論略》；陳顧遠，《中國法制史》；林咏榮，《中國法制史》。

禮察篇》已有「禮者禁於將然之前，而法者禁於已然之後」之說；孔子也說過：「禮樂不興則刑罰不中。」（《論語・子路》）。因此，當社會情勢丕變，法或刑的功用普受肯定，儒家修正其原來的觀點並不困難。可即以漢儒之論為例。如劉向說過：「教化所持以治也，刑法所以助治也。」（《漢書・禮樂志》）；班固亦說：「聖人治天下也有刑罰何？所以佐德助治，順天之度也。」（《白虎通德論》）；陳寵則說：「禮之所去，刑之所取，出禮則入刑。」（《後漢書・陳寵傳》）。此種「以刑輔禮」的思想為自漢以後，歷朝闡明禮法關係的學者所宗。而此種思想實際運用的結果，使唐、宋、元、明、清各朝法典之制定，幾乎均出自儒臣之手[11]；最足代表此種所謂「法律禮教化」的法典則為《唐律》。以下舉三種例子來說明這一點。

《唐律・戶婚居父母喪生子條》：「諸居父母喪生子者徒一年。」又〈戶婚父母囚禁嫁娶條〉：「諸祖父母、父母被囚禁而嫁娶，死罪徒一年半。」此類罪名即是專為保障禮教規則而設。《唐律・戶婚許嫁女報婚書條》：「諸許嫁女已報婚書……而輒悔者，杖六十。雖無許婚之書，但受聘財亦是。」疏云：「婚禮先以聘財為信，故《禮》云（〈內則〉）聘則為妻，雖無許婚之書，但受聘財亦是，即受一尺以上並

11　楊鴻烈，註 8 引書，第七五頁。

不得悔。」此種處置，則是根據《禮》經文字以解釋律文。《唐律·鬪訟毆兄弟姊妹條》:「弟毆兄者徒二年……兄毆弟雖傷，無罪。」又〈鬪訟妻毆夫條〉:「妻毆夫者，徒一年；夫毆妻，傷者減凡人二等，不傷無罪。」這表示親屬身分在定罪量刑上有決定性的作用[12]。

以上《唐律》所代表的中國固有法律制度，其為「以刑輔禮」或「以禮制法」思想之實踐，甚明。而此種制度行之既久，對中國社會所產生的影響，亦甚明。是即「先禮後法」，「重禮輕法」，乃至「尊禮賤法」等觀念為國人普遍所崇信並實際踐行。

陸、中國法律傳統與法律西方化之困難

中國至清末，國勢積弱，西方列強乘虛而入。領事裁判權剝奪了司法權，迫使清廷不得不以西方成規為範本，改變法律制度；列強並以此為交還法權之條件。這本是當初所謂「變法圖強」的真正原因之一[13]。

按西方主要國家的法律思想與制度，自十七、十八世紀以後，均在強調個人的權利與自由以及法律之前人人平等。

---

12 戴炎輝，《唐律各論》，(民國五十四年)。

13 參閱王伯琦，《近代法律思潮與中國固有文化》(司法叢書，司法行政部印行，民國四十五年)，第一八頁。

十九世紀中葉起，更主張法律限於國家制定或承認的實證法而與道德截然分離。因此，對於中國傳統法制之禮法合一，嚴刑重罰，且施行因人而異等，自然深為不滿[14]。負責變法的朝臣如劉坤一、張之洞、沈家本等，針對此種情勢而所提關於變法的奏摺等，為數頗多。其中所表達的意見，因目的在改革當時現行的制度，故可說完全係以上述西方法律思想與制度為準則，而指出中國法制之失[15]。因此，似難稱為具有體系的法律思想。且因遭受維護禮教法制人士的激烈反對，變法的努力終滿清之世未能貫徹。

孫中山先生領導革命，建立民國（一九一二）。修訂法律的工作進展加速，主要法典均在民國二十年前後次第完成。至於建制與立法的最高原則，政府係表明為中山先生的三民主義[16]。

按中山先生的三民主義，他自己說「實是集古今中外的學說，順應世界潮流，在政治上所得的一個結晶[17]，又說「余之謀中國革命，其所持主義，有因襲吾國固有之思想者，有

14　參閱楊鴻烈，註 8 引書，第三〇五頁。

15　參閱楊鴻烈，註 8 引書，第三〇〇頁以下。

16　參閱胡漢民，《社會生活之進化與三民主義的立法》，轉引自楊鴻烈註 10 引書，第三四七頁以下。

17　見孫文，《中國革命史》，《國父全集》第二冊（中國國民黨中央委員會黨史委員會編印，民國六十二年），第一八一頁。

規撫歐洲之學說事蹟者，有吾所獨見而創獲者」[18]。而學者亦公認三民主義旨在解決民族、民權與民生三大問題，有哲學基礎，復具實踐方案，規模宏博而精深[19]。不過，與建立國家制度關係最切的，是中山先生五權憲法的理論；這一理論大體上為民國三十六年公布施行的中華民國憲法所具體採據[20]。至於作為立法最高原則的三民主義，其與主要法典的關係如何，可以試從二方面加以說明。一方面，民、刑、訴訟等法典當初制定時，實際上仍是以當時歐陸諸國的法典為直接的範本[21]。另一方面，三民主義吸取的西方學說精華與上述歐陸法典的理論基礎，確有很多契合之處。例如除強調自由平等外，尤重視個人權利與社會利益之調和；而當時西方的法律思想已由專重個人轉向兼重社會[22]。由此可以概見三民主義與主要法典的關係。

新制定的法典，無論是以三民主義或西方學說為基礎，

18 見孫文，《三民主義之具體辦法》，上註同冊，第四〇五至四〇六頁。

19 參閱胡漢民，《三民主義的連環性》（臺灣上海印刷廠印行，民國四十七年七版），第六八頁。

20 見中華民國憲法第五章至第九章。

21 如民法之根據德國、瑞士民法；刑法之深受當時波蘭、義大利、德國、日本刑法之影響。參閱謝振民，《中華民國立法史》（民國三十七年版）。

22 參閱楊鴻烈，註 8 引書，第三四七頁。

與傳統的禮法合一之制迥然不同；改變之大是空前的。例如在形式上，最大的區別是民法與刑法之分立。在內容上，因為宗法廢除及男女平等原則之確立，親屬悉以血統及婚姻為分類標準；而配偶、父母、兄弟、姊妹、祖父母均有繼承權；妻子及女性卑親屬亦有繼承權；親權得由父母共同行使；夫妻財產則詳加規定[23]。不過，法律制度雖變，對於中國社會生活實際的影響如何？值得探討。

大陸上的中國社會，幾千年在傳統法制之支配下，重禮輕法的觀念根深蒂固。短期間法制全變，一般人民自難適應。新的立法在施行以後，迄民國三十八年大陸變色停止施行為止，這一二十年間可以說並未真正發揮規範社會生活的功效。一般人民仍多以法律以外慣用的規則——也就是過去所謂的禮——作為社會生活的實際準繩。換言之，保持人與人之間的關係和諧，比遵守客觀的法律規則更為重要。而為傳統社會基石之人與人間的關係，是藉禮與法確保各人均能各盡其對待的義務，而得以維持。因此之故，為西方法律基礎的「個人」與「權利」等觀念，在中國歷史上無從產生。其結果，中國人乃不習於亦不屑於主張個人的權利，也不重視別人的權利。

23　參閱謝振民，《中華民國立法史》（正中書局印行，民國三十七年版）。

中國模仿西方制度的法律既同係以西方的「個人」與「權利」等觀念為基礎，其難以實際規範一般人的生活，可想而知。同時，中國人傳統上重視義務的觀念，亦不能與西方由個人主義發展而成的社會意識，相提並論，更不能說兩者是不謀而合[24]。由此可知，為使改制後的法律實際影響社會生活，勢須使改制後法律的思想或理論基礎為一般人民了解而接受。換言之，須讓西方有關「個人」與「權利」的正確觀念深植於一般人民的內心。個人的價值與尊嚴是指每一個個人的價值與尊嚴，而保障權利是指保障每一個個人的權利。由此進而養成關心社會的意識，也就是所有的人相互尊重的意識。不過，為達此目的，尚需某些客觀條件的存在。

按作為新制立法根據的歐陸法典，原係西方工業化、都市化社會的產物。中國法律改制前後，中國仍停留在農業社會階段。這也是一般人民所以安於傳統農業社會行之已久的觀念及行為方式，而不易接受來自西方另類社會成規的主要原因。因此，如何使社會發生變遷而自然適應新的法制及其思想基礎，或如何使新的法制經由其思想基礎促使社會生活

---

24 參閱 Herbert H.P. Ma, The Chinese Concept of the Individual and the Reception of Foreign Law, Journal of Chinese Law, Columbia University School of Law and Parker School of Foreign and Comparative Law, Vo1.9, No.2, 1995, pp.216-217.

變遷，是極為艱鉅的工作。在臺灣的社會成了如何完成這件工作的實驗場所。

柒、臺灣社會與西方化法律之實施

民國三十八年（一九四九）中華民國政府遷至臺灣，民國三十六年（一九四七）在大陸上制定的憲法以及所有的法典與制度均隨至臺灣，並施行於當時的社會。

當時的臺灣社會基本上還是一個農業社會，其人民無論是早期大陸移民的子孫或是民國三十八年（一九四九）前後隨國民政府來自大陸的軍公教人員及其子弟，半由本身的經驗半由尊長的傳遞，都曾受過中國傳統「禮先法後」觀念的影響。因此，模仿西方成規的法律制度在臺灣社會施行的情形，與在大陸社會稍早施行的情形一樣，成效不彰。不過，稍後情勢開始改變。

首先，在大陸公布施行的中華民國憲法，本是三民主義五權憲法理論的具體成果。因公布後不久，大陸易主，實施憲法實際上係開始於臺灣。三民主義主導的這部憲法，影響臺灣社會最顯著又深遠的事例，應該是土地改革。

按民國三十及四十年代的臺灣農業社會，其農地多為地主所有，佃農受不合理租佃的壓迫，生活甚為困苦。臺灣土地改革之主要目的在使耕者有其田。這是中山先生在三民主義（民生主義第三講）內明確的主張，而一九四七年的憲法則據以在基本國策（第一四三條）內具體加以規定。

概括言之，土地改革的完成（民國三十八年至民國五十二年）使農業生產增加，培植了工業而為日後經濟發展奠定了基礎。另一方面，農民生活改善，使其子弟得受良好教育；然後轉入都市工作，協助了都市的繁榮。同時農村人士也開始關心地方事務，促進了對民主政治的興趣。特別值得一提者，土地改革係分段完成，除有憲法作為整個改革計畫的基礎外，每一階段皆有特別立法作為執行的根據，其內容力求兼顧佃農與地主雙方的權利與義務；凡有爭議最後都歸法院解決。換言之，土地改革可以稱為根據理論以法律促成社會變遷的一個著例；也可以說是在臺灣實行西方所謂法治的一個範本[25]。

此外，應該強調者，民國四十九年（一九六〇）以後，因為經濟發展加速，外來投資、國際貿易大增；臺灣的社會日益工業化及都市化。都市化改變了家的組織與家庭關係；工業化改變了個人做人與處世的方式。過去重視個人與個人

25 參閱馬漢寶，〈臺灣之土地改革——實行法治之一項範例〉，載《臺灣光復後土地改革研討會論文集》（民國八十三年，國史館印行），收入本書第九篇。

關係的傳統，逐漸為以個人為主、以客觀而公開程序為先的想法與做法所取代。其結果，西方化的法典在臺灣已顯然有更多實施的機會，也應能更有效加以實施。原因是西方的法律制度本是工業革命與都市革命的產物，自然比較容易適用於工業化與都市化後的臺灣社會。更重要的是，這表示西方法律制度的理論基礎——對個人與權利等觀念的確信——也逐漸更為臺灣社會的一般人所接受。

事實上，民、刑等主要法典近年來均曾修正，以求更能保障個人的權利與自由，如兩性平等的促進及刑事訴訟程序的改善[26]。同時，自民國七十六年（一九八七）臺灣解除戒嚴以後，個人在政治領域內的權利與自由——尤其是言論與結社自由——也大幅增進；廣播電臺與報紙的解禁、反對政黨的成立、各黨自由參加選舉等皆其著者。

以上對於臺灣經驗所作的分析說明，可以證明法律思想足以促成社會變遷，而社會變遷亦足以肯定法律思想。

26 中華民國民法親屬編，第一千零十三條、一千零十六條至一千零十九條、一千零二十一條、一千零二十四條；中華民國刑事訴訟法第三百零八條、三百一十條、四百五十一條。

捌、中國法律傳統與西方化法律之調和

當此二十世紀之末，臺灣社會與法律思想之關係略如上述。不過，這一社會晚近在政治、經濟與整個社會方面的發展，卻有令人困擾與憂心之處，概括言之，錯用或濫用個人權利與自由而侵害別人權利與自由的情形，日益嚴重。特別是現代的家庭制度幾乎已瀕臨崩潰邊緣，例如婚姻關係存續中婚外性行為日趨泛濫，而家庭暴力、兒童遭受性侵害或虐待、離婚等數量之多，均屬驚人。在公的生活方面，為自身的利益而不顧別人的安全與隱私，已成司空見慣之事；尤其在公共工程與交通方面，對於品質與安全之忽視，已至難以置信的地步；而利用新的科技侵害個人隱私以達利己之目的，亦令人心驚[27]。

此種發展，除因執法不力外，顯然表示現行法律有其不足之處。如以修訂法律或制定新法作為對策，實際上也就是要限制個人的權利與自由，而必然也就牽涉現行法制的理論基礎——個人權利與自由的保障。誠然，西方法律思想在本世紀之初已知個人權利須與社會利益均衡。而此等思想曾為中山先生的三民主義所吸收，並成為臺灣社會現行法律制度

27 參閱 Herbert H.P. Ma, Confucianism and the Rule of Law in a Contemporary Chinese Society - A Re-Exploration, lecture delivered at the First Jules and Chen Ing Chang Ritholz Distinguished Lectureship, Harvard Law School, East Asian Legal Studies, April, 1998.

的理論基礎。如何針對晚近令人不安的社會現象，修正現行法律的思想或理論根據，使個人的權利自由觀念與新的有關社會安全的觀念互相調和。是思想或理論層面的事，還須從思想或理論上著手。

西方強調個人權利與自由的思想，原係以不妨害別人的權利與自由為準則。臺灣社會的一般人的確已日益知道自己的權利與自由，但顯然不夠了解別人的權利與自由。不過，即使各人都知道自己與別人的權利與自由，除非各自知所約束與克制，仍不免錯用與濫用權利與自由。因此，臺灣社會需要之思想或理論上的對策，似須從兩方面著手。一方面應繼續灌輸對個人權利與自由的正確觀念，另一方面應課每一個人以一種明確的義務觀念。這種對策可自西方法律思想或理論以及中國傳統的禮教原理，分別獲得啟示。

西方法律思想發展至二十世紀，其主流可大分為三，即實證法學、社會法學與自然法學。實證法學以法律與政府的關係為根據，而重視法律的權威因素；社會法學以法律與社會的關係為根據，而重視法律的社會效果；自然法學則以法律與正義的關係為根據，而重視法律的價值判斷。從三者的立場合而觀之，較易得見一個接近完整的法律概念[28]。基於

28　參閱馬漢寶，《西洋法律思想主流之發展》，國立臺灣大學法學叢書（98）（民國八十八年五月），緒論。

此，臺灣社會的實證法可依自然法的判斷，而認為過分的個人權利自由觀念應受限制；至於如何限制，依社會法學的指示，應採較易發生效果的途徑，而復歸於原為中國社會一般人崇奉的禮教義務觀，也就是人與人間之關係或人倫的對待義務觀念。這一途徑當然須加進一步的說明。

以上曾經指出，臺灣社會經過工業化與都市化的變遷，終於使重視個人及權利的觀念，逐漸取代了重視人與人間之關係及其對待義務的觀念。但是事實證明，這並不表示悠久的傳統觀念已從一般人心中絕跡，而全無影響力量。因此，主張回歸傳統的義務觀念，不致有完全陌生之感；但重要的，是對所謂對待義務重新加以詮釋，使其在當代臺灣的社會具有實質的意義與可行的途徑。作為回歸的對象，儒家闡揚的五種主要人倫：君臣、父子、夫婦、兄弟與朋友仍是最好的起點。著者曾在他處[29]，試就如何重新詮釋五倫及所牽涉的對待義務，表示過具體的意見。此處則擬借重西方法律思想，重新強調有關人倫及其對待義務的原理，然後對如何使重新詮釋過的對待義務與個人的權利自由相互配合，試提一些可行的建議。

首先，儒家所講有關人倫的道理——尤其是孔、孟有關家庭關係的道理——所以值得重新強調，是因為這些道理原

---

29 參閱 Herbert H.P. Ma，註 26 引文。

係本乎人性與合乎人情的，也就是禮之屬於理之不可易者。這與西方自然法思想主張人之共同的理性，足以為社會生活辨別是非、善惡，可以媲美。事實上，西方國家作為其法典基礎之個人權利與自由的價值，本來即是自然法思想推演的結果。因為基本上有益於人性之發展，這些價值觀念雖經修正，而迄今屹立不移。儒家禮之屬於理之不可易者，經過相當的詮釋，自亦可保有其不變的價值。

不過，建議中最重要的一點在於：個人的基本權利與自由已日益為社會上一般人所肯認，並為法律所保障；經過詮釋之人與人間各類關係的對待義務，必須在不侵害個人基本權利與自由的原則下，加以履行。這是與一般復古之說最不相同地方。關於五倫的對待義務，重新詮釋的結果，亦可簡略說明如次。「父慈子孝」應強調基於自然親情之父母與子女的對待義務；「男女有別」、「夫義婦聽」之舊說，站在男女平等的立場，應講彼此尊重，如「婦義」自亦可「夫聽」；「兄良弟悌」之義，可擴及所有相識的人，以落實彼此稱兄道弟之習慣；而「朋友有信」，則可解為社會上一般人的對待義務，以彌補現時最感缺乏之基本的互信。至於「君仁臣忠」、「君令臣共」一倫，宜解為政府與人民的關係；在民主政治下，人民為主，政府應為人民服務。凡以上所舉各類對待義務，均可使其更為具體而明確；如置於不可侵犯個人基本權利與自由的大原則下去實踐，各個人自然受到約束與限制，各個人亦自然得到保障與安全；而社會秩序當亦可期。

值此二十一世紀即將來臨之際，在臺灣的社會，對科技突飛猛進可能帶來的社會問題，不得不預作防備或對策。中國社會自繼受西方法制以還，施行成文法典內的規定唯恐不及，在法律思想方面，難免偏重實證法學。晚近在臺灣的趨勢，則係致力於闡明有關法典內條文釋義的理論；對有效施行現行法典，助益非淺。不過，應付日新月異的社會現象與問題，辨別其中之是非、善惡，或是何者有益、何者有礙人性之長進；站在法律的立場，似非針對社會本身變遷的情況，先作高瞻遠矚的法理思考不可。著者建議以個人基本的權利與自由為基礎，責成每一個人盡其人與人間各類關係之明確的對待義務，或可作為臺灣社會今後發展法律思想與法律制度的一個途徑。

玖、共產中國社會與法律制度之建立

中國大陸的社會，自三十八年（一九四九）共產政權建立後，所經過的變遷巨大而劇烈，為前所未有。這種變遷與法律思想有何關係，可以深入加以探討。此處只能擇要述其概況[30]。

按中國共產政權（以下稱中共）建國後的三十年間，始終固守馬克斯、列寧主義；尤其在對於法律的態度方面，堅持認為法律是一種階級性的規則，註定在無產階級的社會裡必然歸於萎縮。所以一九四九年將原來中華民國所有的法律廢止後，除若干鎮壓性的命令外，可說並未制定新法。不過，於一九五四年至一九五六年間，中共為了採用蘇聯式經濟計畫模式，決定發展蘇聯式的法制。於是，一九五四年的憲法即係以一九三六年的史大林憲法為藍本；一部刑法法典及民法法典亦在制定中。

所謂蘇聯式的法制係指依據史大林的「社會主義合法性」（socialist legality）觀念而建立的制度；是認為社會主義乃走向共產社會的過渡階段，國家與法律應積極協助社會主義進入完全的共產主義；屆時國家與法律自然終歸消滅。此一觀念為法律帶來生機與存在的基礎，而實際上也因此使蘇聯及其他社會主義的國家得以利用法律而獲得相當程度的社會安定與經濟發展。由於「社會主義」一詞使所謂「法制」與走向共產社會的過渡階段不可分，史大林主義者乃認為關於法律的理論與實際已經獲得協調。雖然，國家與法律必然萎縮

30 以下概況之述要，係以本書第十四篇〈論共產中國社會主義法制之建立〉為根據。

的基本理論與法律負有積極任務的主張，其間的緊張局面難免日益惡化而引發爭議。至少當時中共的領導者不能接受此種解說，並直指蘇聯為「修正主義者」。

一九五七年起情勢終於開始轉變，中共的法典制定工作完全停頓。以後二十多年，中共陷入法律極端貧乏的狀態；而且長期輕視法律所產生的後果，至為嚴重；大躍進、文化大革命可以為例；非但經濟計畫遭受破壞，一般人民生活更苦不堪言。

至一九七八年，中共換了新的當權派；所作的主要決定就是公開呼籲尊重社會主義的法律以及加強社會主義的法制，藉以奠定治安並實現所謂四個現代化。不過，這種一反過去經驗的改變，原應有相當的理論根據始足以自圓其說。中共當然可以就近參考蘇聯的經驗；可是蘇聯本身的經驗，前已言之，有其無法解決的問題，是即社會主義法制的立法與馬列「法律必然萎縮」的基本立場，如何協調？中共當然也可以不顧理論，而逕自實行社會主義的法制。事實上，十年來中共的確陸續修訂法律、制定新法，並致力建立司法制度；例如一九七八年及一九八二年的憲法修改，人民法院組織法、人民檢察院組織法、刑法與刑事訴訟法、婚姻法、繼承法、經濟合同法、中外合資經營法等之制定均是。而作為各種民事關係單行法基礎的民法通則，也於一九八七年公布施行。凡此不能說不是成果。

雖然，根據中共憲法的規定，馬列主義仍為中共法律的最高原則，不可違背。法律學者也還是以馬列主義為立說及論事的基礎[31]。很顯然，這使上述為建立社會主義法制而制定的法律與制度，大不同於以個人權利與自由為理論基礎的法律與制度。事實上，大陸學者對西方一般國家所謂「法治」（rule of law）與中共所謂「法制」的區別與關係，已多所討論[32]。值得特別提起者，在大陸的社會，有法律未必即能夠實行「法制」；正如在臺灣的社會，有西方化的法律，未必即有西方式的「法治」一樣。

大陸上的社會雖經五十年共產主義的洗禮，卻難說已洗盡中國傳統觀念的影響。換言之，中國傳統上輕法的習慣可說仍舊存在。這一點未始不是中共初期領導者刻意漠視法律的原因之一。這種舊有的習慣加上數十年來近乎無法及踐踏法律的新經驗，勢必有礙社會主義法制的實施。因此，在大陸上的社會，果如其新的領導者所堅持，須致力實行社會主義的「法制」；或是如其若干學者所提倡，要能建立一個有中國特色的社會主義的「法治」國家，其可能遭遇的困難將甚

31 例如，沈宗靈著，《法理學》，臺灣版（五南圖書出版有限公司印行，民國八十三年）

32 例如，《法治研究一九九八年卷》，浙江大學法律系及浙江省法制研究所主編（杭州大學出版）。

於臺灣的經驗。不過同時，臺灣社會推行「法治」的經驗對大陸社會而言，卻不無參考的價值。

拾、結語

法律與社會生活不可分；法律制度憑藉其思想或理論基礎的力量，足以促成社會生活之變遷；而社會生活之變遷亦足以促成法律思想的修正及法律制度的改革。中國大陸社會自古代以迄今日，有多次思想、法律與社會變遷相互影響之顯著的事跡；而臺灣社會數十年來亦有過這一方面具體的經驗。

例如戰國時代，法家的思想使秦王政勵行法（刑）治而統一古代中國，改變了原來中國社會的基本結構。至漢室與起，儒家所倡「以禮制法」的思想主導以後唐、宋、元、明、清歷朝法（刑）典的發展，也支配了數千年中國社會的生活內容。

民國肇建，法律制度雖依西方工業化、都市化社會的成規，完成變革，但因中國農業社會的生活內容與西方工業化、都市化的法律制度及其思想基礎，扞格不入，致使現代西方化的法律制度難以有效規範當時的中國社會。臺灣社會承繼上述現代西方化的法律制度之初，仍為農業社會；與當初中國大陸社會一樣，難以實施西方化法律制度及接受其思想基礎。嗣後的發展，不是傳統的社會生活遲延現代化法律制度之實施，而是憑藉現代化的法律積極推動社會之變遷。首先，土地改革實現以農業興助工業的政策；導致其後經濟發展的奇蹟——也就是促成社會的工業化與都市化。其結果，現代西方化的法律制度及其重視個人權利與自由的思想基礎，乃日益為臺灣的社會所接受。

晚近值得關切的發展趨勢，則為個人自由與權利之濫用與錯用；其後果已造成家庭制度、公共安全、社會信用瀕臨崩潰之危機。

此種趨勢使著者敢於建議重拾傳統人與人間對待義務的道理，以求與個人的權利與自由保持均衡與調和。換言之，在保障每一個人的基本權利與自由之原則下，重新詮釋傳統倫常的道理，使每一個人行使其權利與自由時，負擔對一定對象之明確的義務。

至於共產主義下的中國大陸社會，在近年日益開放以後，亦在致力建立所謂社會主義的「法制」或具有中國特色的「法治」。其發展或有自己的途徑，不過臺灣的經驗則很可作為參考。

著者簡歷

生平
馬漢寶，安徽省渦陽縣人，民國十五年 (1926) 農曆十一月二十七日生。在上海完成小學、初中、高中教育，並在上海復旦大學修業至三年級上學期。民國三十六年 (1947) 來台，轉學入國立台灣大學。
學歷
1. 國立復旦大學法律學系肄業 (1944-1947)
2. 國立台灣大學法律學系第一屆第一名畢業 (1950)
3. 美國哈佛大學研究 (1964)
4. 美國哈佛大學法學院研究 (1975-1976)
現職
1. 國立台灣大學名譽教授
2. 東吳大學法學院兼任教授
3. 中央研究院歐美研究所通信研究員
4. 財團法人馬氏思上文教基金會董事長
專長學科
法律哲學、法理學、國際私法、憲法、法律與社會變遷
學術經歷
1. 國立台灣大學法律學系助教 (1950-1955)
2. 國立台灣大學法律學系講師 (1955-1960)
3. 國立台灣大學法律學系副教授 (1960-1964)
4. 國立台灣大學法律學系及法律研究所教授 (1964-1982)
5. 國立台灣大學法律學院兼任教授 (1982-1999)
6. 中央研究院中美人文社會科學合作委員會委員兼執行秘書 (1966-1971)
7. 國家科學委員會研究正教授 (1969-1970)
8. 美國華盛頓大學（西雅圖）法學院客座正教授 (1971、1989)
9. 奧地利科學院及維也納大學法學部客座正教授 (1981-1982)
10. 香港大學法學院客座正教授 (1991)

11. 法國國家學術院 (College de France) 講座 (1993)	
12. 加拿大英屬哥倫比亞大學法學院客座正教授 (1994)	
13. 美國紐約市哥倫比亞大學法學院客座正教授 (1995)	
14. 美國華盛頓大學（聖路易）法學院訪問教授 (1997)	
15. 美國哈佛大學法學院首任「李多慈」傑出學人講座 (First Lecturer, Jules and Chen Ing Chang Ritholz Distinguished Lectureship) (1998)	
16. 中國北京大學法學院訪問教授 (1999)	
17. 中央研究院評議員 (1984-2002)	
政府經歷	
1. 考試院考試委員 (1972-1982)	
2. 司法院大法官 (1982-1994)	

著作簡表

專書	
1964 年	國際私法總論，台北：自印。
1976 年 10 月	西洋法律思想論集，台北：漢林。
1984 年 7 月	國際私法論文選輯（上）（下），台北：五南。
1985 年 6 月	*Trade and Investment in Taiwan: The Legal and Economic Environment in the Republic of China*, 2nd edition, Institute of American Culture, Academia Sinica, Taipei, June 1985.
1999 年 5 月	西洋法律思想主流之發展，台大法學叢書 (98)，台北。
1999 年 10 月	法律與中國社會之變遷，台大法學叢書 (99)，台北。
1999 年 10 月	*Law and Traditions in Contemporary Chinese Society*, National Taiwan University Legal Studies Series (100) , Taipei, October 1999.
2002 年 10 月	思上書屋文集，台北：馬氏思上文教基金會。
2004 年	國際私法：總論、各論，台北：自印。
2004 年	聖公會台灣教區憲章規例歷年修正實錄，台北：台灣聖公會。
期刊論文	
1956 年	龐德社會利益說之理論的基礎，載於《國立台灣大學法學院社會科學論叢》第 7 輯。
1960 年	牛津哲學對法學之影響，載於《國立台灣大學法學院社會科學論叢》第 10 輯。
1962 年 7 月	外國人投資之法律適用問題，載於《法學叢刊》第 27 期第 27 卷第 3 期。

1963 年	The Chinese Control Yuan: An Independent Supervisory Organ of the State, in *Washington University Law Quarterly*, Vol. 1963, December 1963, No. 4, published by Washington University, St. Louis, Missouri, U.S.A. 1963.
1964 年 7 月	國際私法上當事人意思自主原則晚近之理論與實際，載於《國立台灣大學法學院社會科學論叢》第 14 輯。
1965 年	極權主義法律思想之批判，載於《國父法律思想論集》，中國文化學院法律研究所。
1967 年	自然法之現代的意義，載於《國立台灣大學法學院社會科學論叢》第 17 輯。
1971 年 10 月	法律道德與中國社會的變遷，載於《國立台灣大學法學論叢》第 1 卷第 1 期。
1971 年 10 月	Law and Morality: Some Reflections on the Chinese Experience Past and Present, in *Philosophy East and West*, October 1971, published by University of Hawaii Press, U.S.A.
1972 年	法律與現代化，載於《中央月刊》第 4 卷第 3 期。
1972 年	從法律的觀點談倫理，載於《中央月刊》第 4 卷第 9 期。
1973 年	Legal System of the Republic of China, for Volume 1 of International Encyclopedia of Comparative Law, published in *Rabels Zeitschrift*, Heft 37/1, Tubingen, West Germany 1973.
1974 年 12 月	Legal System of the Republic of China, in *Lawasia*, Vol. 5, December 1974, Sydney, Australia.
1975 年 6 月	二十世紀的美國法律思想，載於《美國研究》第 5 卷第 2 期，中央研究院美國文化研究所。

1976 年 11 月	The Role of Law in the Land Reform of Taiwan，載於《東吳法律學報》第 1 卷第 1 期，東吳大學法學院。
1978 年 1 月	龐德論中華民國憲法之發展，載於《憲政時代》第 3 卷第 3 期，中華民國憲法學會。
1978 年 4 月	龐德論中華民國法律之發展，載於《華岡法科學報》第 1 期，中國文化學院。
1979 年	American Influence on the Formation of the Constitution and Constitutional Law of the Republic of China: Past History and Future Prospects, in *Constitutionalism in Asia: Asian Views of The American Influence*, edited by Lawrence Ward Beer, published by University of California Press 1979, Berkeley, U.S.A.
1979 年 10 月	Law and Communist China: A Comparative Jurisprudential Analysis, in *Issues and Studies*, Vol. XV, No. 10, October 1979, Taipei.
1980 年 1 月	司法革新，載於《憲政時代》第 5 卷第 3 期，中國憲法學會。
1980 年 4 月	晚近國際私法發展的趨勢，載於《法學專題講座（二）》，中國文化學院城區部法律學系。
1980 年 7 月	論中共的社會主義法制，載於《東亞季刊》第 12 卷第 1 期。
1980 年 7 月	A Socialist Legal System for Communist China: Some Critical Thoughts, in *Issued and Studies*, Vol. XVI, No. 7, July 1980, Taipei.
1980 年 10 月	西洋法律思想近三十年之發展趨勢，載於《法令月刊》第 31 卷第 10 期。
1981 年 7 月	Communist China and The Rule of Law: Theory and Practice in Review, in *Issues and Studies*, Vol. XVII, No. 7, July 1981, Taipei.

1981 年 10 月	儒家思想法律化與中國家庭關係的發展，載於《中央研究院國際漢學會議論文集》。
1982 年	法律是我們生活的保障，載於《緊握自己的方向盤》，正中書局。
1982 年 11 月	談國際私法案件之處理，載於《軍法專刊》第 28 卷第 11 期。
1983 年	法律與科技發展，載於《社會文化與科技發展研討會論文集》，行政院國家科學委員會印行。
1983 年 11 月	國際私法規則之特性及相關問題，載於《法令月刊》第 34 卷第 11 期。
1984 年	略述法律與土地改革之關係——兼介馬壽華著《臺灣完成耕者有其田法治實錄》，載於《立法委員潘廉方先生八秩華誕祝壽論叢》。
1985 年 1 月	法律教育與國家考試，載於《輔仁法學》第 4 期。
1985 年 9 月	哲學對法律實務的影響，載於《司法周刊》第 231 期。
1986 年 1 月	美國憲法與中華民國憲法之制訂及發展，載於《憲政時代》第 11 卷第 3 期。
1986 年 10 月	美國聯邦法院組織之現況，載於《司法周刊》第 284、285 期。
1987 年	The Legalization of Confucianism and Its Impact on Family Relationships, in *Washington University Law Quarterly*, Vol. 65, No.4, 1987, St. Louis, U.S.A.
1987 年 3 月	近三十年法律與社會變遷之關係，載於《國立台灣大學法學院社會科學論叢》第 35 輯。
1988 年 6 月	國際私法上之專門名辭及其用法，載於《法律評論》第 54 卷第 6 期。

1988 年	United States Constitutional Principles and The Development of Constitutional Law in The Republic of China, in *The Influence of the U.S. Constitution on Pacific Nations*, edited by F. E. Cameron, published by Foundation for the 21st Century, 1988, California, U.S.A.
1988 年	The Influence of The U.S. Constitution on The 1947 Republic of China Constitution, in *The United States Constitution and Constitutionalism in China*, edited by Ray S. Cline and Hung-Dah Chiu, published by United States Global Strategy Council, 1988 Washington D.C., U.S.A.
1988 年	The Council of Grand Justice of The Republic of China: Its Role in a Changing Society，載於《司法院大法官釋憲四十週年紀念論文集》，司法院。
1990 年	The Legalization of Confucianism and Its Impact on Family Relationships, in *Law, Culture, and Values: Essays in Honor of Gray L. Dorsey*, edited by Sava Alexander Vojcanin Transaction publishers, New Brunswick, New Jersey, U.S.A., 1990.
1991 年 12 月	儒家思想法律化與中國家庭關係的發展，載於《國立臺灣大學法學論叢》，第 21 卷第 1 期。
1992 年 6 月	個人在中國傳統與現代法律上之地位，載於《中國人的價值觀國際研討會論文集》，漢學研究中心編。
1992 年	The Constitution and Government of the Republic of China, with Chi-Tung Lin, in Constitutional Systems in *Late Twentieth Century Asia*, edited by Lawrence W. Beer, University of Washington Press, Seattle and London, 1992.

1993年8月	法律教育之前瞻與基礎法學，載於《中國法制比較研究論文集》，第一屆海峽兩岸法學學術研討會，東吳大學法律學研究所。
1994年2月	個人與法治，載於《法律評論》第60卷第1、2期合刊。
1994年	The Sources and Structure of Modern Chinese Law and the Chinese Judicial System, in *The Civil Law Tradition: Europe, Latin America, and East Asia*, edited by John Henry Merryman, David S. Clark, and John O. Haley, The Michie Company Law Publishers, Charlottesville, Virginia, U.S.A., 1994.
1995年	Conflict of Laws of the Republic of China, in *Conflict and Interactions of Laws-with Special Reference to Mainland China, Hong Kong and Taiwan*, edited by Chia-jui Cheng, published by School of Law, Soochow University, Taipei, 1995.
1997年	The Chinese Concept of the Individual and the Reception of Foreign Law, in *Sino-American Relations*, Vol. XXIII, No. 3, 1977, Taipei.
1998年9月	釋憲與正名：從法律名辭及其用法談到司法院釋字第二八二號解釋，載於《司法院大法官釋憲五十週年紀念論文集》，司法院。
2000年	Private International Law of the Republic of China: Past, Present and the Future, in *Private Law in the International Arena: From National Conflict Rules Towards Harmonization and Unification*, edited by Jurgen Basedow, Isaak, Meier, Anton K. Schnyder, Talia Einhorn, Daniel Ginsberger, published by T.M.C. Asser Press, The Hague, The Netherlands, 2000.

2000 年 10 月	從歷史發展看法律思想與社會變遷，載於《法令月刊》第 51 卷第 10 期。
2002 年 6 月	中國法制史之名稱與研究範圍，載於《法制與禮俗——中央研究院第三屆國際漢學會議論文集（歷史組）》，中央研究院歷史語言研究所。
集體著作中個人擔任部分	
1960 年	印尼憲法，載於《各國憲法彙編》，司法行政部。
1965 年	挪威憲法、瑞典憲法、沙烏地阿拉伯憲法，載於《世界各國憲法大全》，國民大會憲政委員研討會。
1971 年	雲五社會科學大辭典法理學各條，載於《雲五社會科學大辭典》第 6 冊《法律學》，商務印書館。
1980 年	澳大利亞聯邦憲法、東加王國憲法，載於《世界各國憲法大全》，國民大會憲政研討委員會。

國家圖書館出版品預行編目資料

法律與中國社會之變遷 / 馬漢寶著 . -- 初版 . --
新北市 : Airiti Press, 2012.06
面； 公分
ISBN 978-986-6286-49-0(平裝)
1. 中國法制史 2. 法律社會學 3. 文集

580.92 101000441

法律與中國社會之變遷（增訂本）

馬漢寶 著

發行人／陳建安
經　理／范雅竹
總編輯／古曉凌
執行編輯／方文凌
謝佳珊
美術編輯／王筱萱
版面構成／黃淑真
封面設計／鄭清虹
行銷企劃／賴美璇
發行業務／楊子朋

出版者／Airiti Press
新北市永和區成功路一段 80 號 18 樓
電話：(02)2926-6006　傳真：(02)2231-7711
服務信箱：press@airiti.com
帳戶：華藝數位股份有限公司
銀行：國泰世華銀行　中和分行
帳號：045039022102
法律顧問／立暘法律事務所　歐宇倫律師
I S B N／978-986-6286-49-0
出版日期／2012 年 6 月初版
定　價／NT$380 元